100 FAITS À SAVOIR SUR LES BASKETS

SCRIBE DU TEMPS

PRÉFACE

LES BASKETS, PLUS QU'UNE SIMPLE CHAUSSURE, SONT DEVENUES UN SYMBOLE DE CULTURE, DE MODE ET DE RÉVOLUTION. DE LEUR HUMBLE ORIGINE DANS LES ANNÉES 1800 COMME CHAUSSURES RUDIMENTAIRES CONÇUES POUR LE SPORT, ELLES ONT ÉVOLUÉ POUR DEVENIR UN PHÉNOMÈNE MONDIAL, TRANSCENDANT LES FRONTIÈRES ET LES CLASSES SOCIALES. C'EST CET UNIVERS FASCINANT, RICHE EN HISTOIRE ET EN INNOVATION, QUE JE SOUHAITE EXPLORER DANS "100 FAITS À SAVOIR SUR LES BASKETS".

L'INSPIRATION POUR CE LIVRE EST NÉE DE MA PROPRE FASCINATION POUR LES BASKETS ET LEUR IMPACT CULTUREL. MON OBJECTIF EST DE PARTAGER CETTE PASSION, EN ÉDUQUANT LES LECTEURS NON SEULEMENT SUR L'HISTOIRE DES BASKETS, MAIS AUSSI SUR LEUR RÔLE DANS DIVERS MOUVEMENTS SOCIAUX, LEUR INFLUENCE DANS LA MODE, ET LES AVANCÉES TECHNOLOGIQUES QUI LES ONT TRANSFORMÉES. J'AI TOUJOURS ÉTÉ CAPTIVÉ PAR LA MANIÈRE DONT UN SIMPLE OBJET PEUT RACONTER TANT D'HISTOIRES ET S'ADAPTER À DES CONTEXTES SI VARIÉS.

DANS CE LIVRE, ATTENDEZ-VOUS À UN VOYAGE À TRAVERS LE TEMPS ET LES CULTURES. DES PREMIÈRES CONVERSE ALL STARS AUX BASKETS AUTO-NETTOYANTES DU FUTUR, EN PASSANT PAR LES COLLABORATIONS AVEC DES CÉLÉBRITÉS ET LES ÉDITIONS LIMITÉES QUI SE VENDENT À DES PRIX ASTRONOMIQUES, CHAQUE FAIT A ÉTÉ SOIGNEUSEMENT SÉLECTIONNÉ POUR SA CAPACITÉ À ÉCLAIRER UN ASPECT DIFFÉRENT DU MONDE DES BASKETS. MA MÉTHODOLOGIE A INCLUS DES RECHERCHES APPROFONDIES, DES ENTRETIENS AVEC DES EXPERTS DE L'INDUSTRIE ET UNE EXPLORATION

MINUTIEUSE DES TENDANCES ACTUELLES ET HISTORIQUES.

JE TIENS À EXPRIMER MA GRATITUDE ENVERS TOUS CEUX QUI ONT CONTRIBUÉ À CE PROJET : LES HISTORIENS DE LA MODE, LES DESIGNERS, LES ATHLÈTES ET LES NOMBREUX PASSIONNÉS DE BASKETS QUI ONT PARTAGÉ LEURS CONNAISSANCES ET LEURS EXPÉRIENCES. LEUR EXPERTISE A ÉTÉ ESSENTIELLE POUR DONNER VIE À CE LIVRE.

ÉCRIT DANS UN STYLE ACCESSIBLE ET INFORMATIF, CE LIVRE EST DESTINÉ À TOUS, DES COLLECTIONNEURS AGUERRIS AUX SIMPLES CURIEUX. JE VOUS INVITE DONC À OUVRIR CES PAGES ET À VOUS IMMERGER DANS LE MONDE EXTRAORDINAIRE DES BASKETS, UN MONDE OÙ CHAQUE PAIRE A UNE HISTOIRE À RACONTER.

BIENVENUE DANS L'AVENTURE PASSIONNANTE DES "100 FAITS À SAVOIR SUR LES BASKETS".

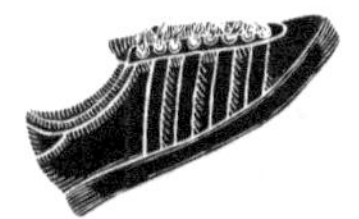

1

ORIGINES BASKETS

L'ORIGINE DES BASKETS REMONTE AU 19E SIÈCLE, ÉPOQUE MARQUÉE PAR LA RÉVOLUTION INDUSTRIELLE ET SES INNOVATIONS EN MATIÈRE DE FABRICATION DE CHAUSSURES. AVANT CETTE PÉRIODE, LES CHAUSSURES ÉTAIENT FABRIQUÉES À LA MAIN, SOUVENT LOURDES ET INCONFORTABLES. L'INVENTION DES MACHINES À COUDRE ET L'UTILISATION DE NOUVEAUX MATÉRIAUX COMME LE CAOUTCHOUC ONT PERMIS LA CRÉATION DES PREMIÈRES BASKETS, CONNUES SOUS LE NOM DE "PLIMSOLLS". CES CHAUSSURES, AVEC UNE SEMELLE EN CAOUTCHOUC ET UN DESSUS EN TOILE, REPRÉSENTAIENT UNE AVANCÉE SIGNIFICATIVE EN TERMES DE CONFORT ET DE FONCTIONNALITÉ. ELLES ONT INTRODUIT UNE NOUVELLE ÈRE DANS L'HISTOIRE DE LA CHAUSSURE, CARACTÉRISÉE PAR LA FLEXIBILITÉ ET LE SOUTIEN.

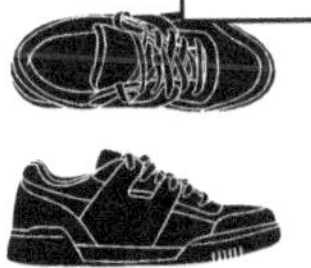

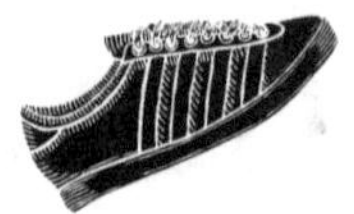

2

BASKETS ATHLÉTIQUES

À L'ORIGINE, LES BASKETS ÉTAIENT DESTINÉES À RÉPONDRE AUX BESOINS SPÉCIFIQUES DES ATHLÈTES. AVANT LEUR INVENTION, LES CHAUSSURES DE SPORT ADÉQUATES ÉTAIENT RARES, CE QUI POUVAIT ENTRAÎNER INCONFORT ET RISQUES POUR LES SPORTIFS. LES PREMIÈRES BASKETS ONT APPORTÉ DES AMÉLIORATIONS TELLES QUE DES SEMELLES ANTIDÉRAPANTES ET UN MEILLEUR AMORTI, AUGMENTANT AINSI LES PERFORMANCES ATHLÉTIQUES. CES INNOVATIONS ONT BÉNÉFICIÉ NON SEULEMENT AUX ATHLÈTES PROFESSIONNELS, MAIS ONT AUSSI RENDU LE SPORT PLUS ACCESSIBLE ET AGRÉABLE POUR LE GRAND PUBLIC. LE DÉVELOPPEMENT DES BASKETS A JOUÉ UN RÔLE CRUCIAL DANS L'AVANCEMENT DU SPORT ET DE L'ATHLÉTISME, EN FAVORISANT DE MEILLEURES PERFORMANCES ET UNE PARTICIPATION ACCRUE AUX ACTIVITÉS PHYSIQUES.

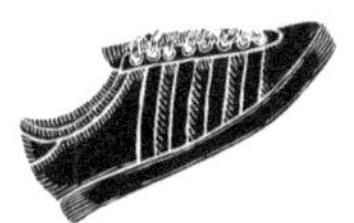

CONVERSE ALL-STAR

LA SORTIE DE LA CONVERSE ALL STAR EN 1917 A MARQUÉ UN TOURNANT DANS L'INDUSTRIE DE LA CHAUSSURE. CONÇUE SPÉCIFIQUEMENT POUR LE BASKETBALL, CETTE BASKET ALLIAIT UNE SEMELLE EN CAOUTCHOUC À UN DESSUS EN TOILE, OFFRANT AINSI CONTRÔLE ET CONFORT AUX JOUEURS. L'ADOPTION DES ALL STARS PAR CHARLES "CHUCK" TAYLOR, UN JOUEUR DE BASKETBALL RENOMMÉ, A GRANDEMENT CONTRIBUÉ À LEUR SUCCÈS. TAYLOR, DEVENU VENDEUR ET AMBASSADEUR POUR CONVERSE, A AIDÉ À AMÉLIORER LE DESIGN DE LA CHAUSSURE. SON NOM A ÉTÉ AJOUTÉ SUR LE PATCH ÉTOILÉ EN 1932, FAISANT DE LUI LE PREMIER ATHLÈTE À AVOIR UNE CHAUSSURE DE SPORT À SON NOM. LES CONVERSE CHUCK TAYLOR ALL STARS SONT DEVENUES UNE ICÔNE, PORTÉES PAR DES ATHLÈTES, DES ARTISTES ET DES FIGURES REBELLES, ET CONTINUENT À ÊTRE POPULAIRES, INCARNANT UN ESPRIT D'INNOVATION ET DE RÉBELLION STYLISTIQUE.

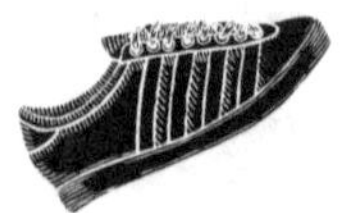

4

FONDATION ADIDAS

ADI DASSLER, UN CORDONNIER ALLEMAND PASSIONNÉ DE SPORT, A FONDÉ ADIDAS EN 1949, MARQUANT LE DÉBUT D'UNE ÈRE NOUVELLE DANS L'INDUSTRIE DES ÉQUIPEMENTS SPORTIFS. DASSLER AVAIT COMMENCÉ PAR FABRIQUER DES CHAUSSURES DANS SA BUANDERIE APRÈS LA PREMIÈRE GUERRE MONDIALE, SE CONCENTRANT SUR DES DESIGNS INNOVANTS POUR AMÉLIORER LES PERFORMANCES ATHLÉTIQUES. SA VISION ÉTAIT DE CRÉER DES CHAUSSURES QUI AIDERAIENT LES ATHLÈTES À ATTEINDRE LEUR PLEIN POTENTIEL. ADIDAS S'EST RAPIDEMENT FAIT UN NOM GRÂCE À SES CHAUSSURES DE QUALITÉ, NOTAMMENT EN ÉQUIPANT DES ATHLÈTES OLYMPIQUES. LE LOGO EMBLÉMATIQUE À TROIS BANDES D'ADIDAS A ÉTÉ INTRODUIT POUR LA PREMIÈRE FOIS SUR LES CHAUSSURES DANS LES ANNÉES 1950, SYMBOLISANT LA STABILITÉ. AUJOURD'HUI, ADIDAS EST RECONNUE MONDIALEMENT NON SEULEMENT POUR SES ÉQUIPEMENTS SPORTIFS, MAIS AUSSI POUR SON INFLUENCE DANS LA MODE ET LA CULTURE.

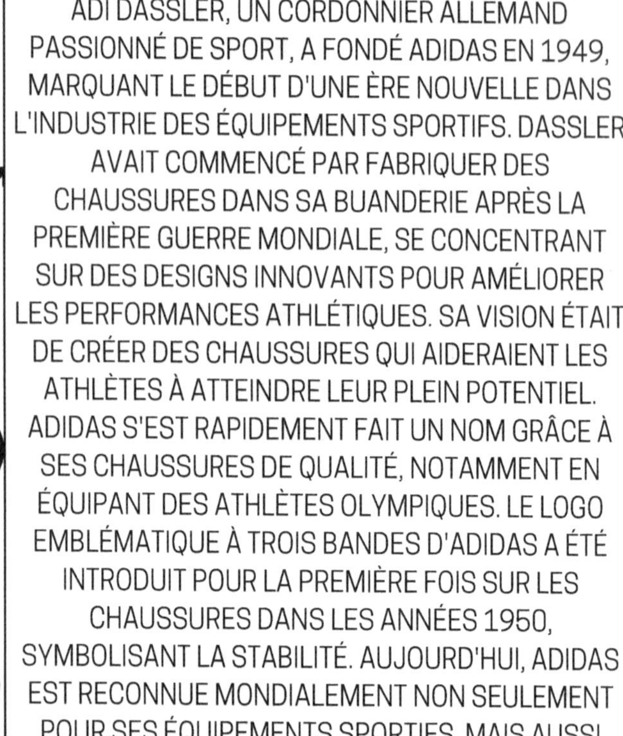

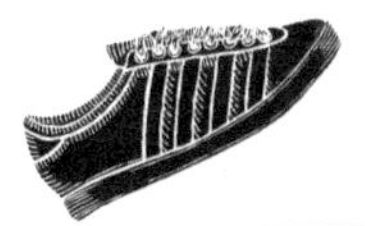

5

NAISSANCE NIKE

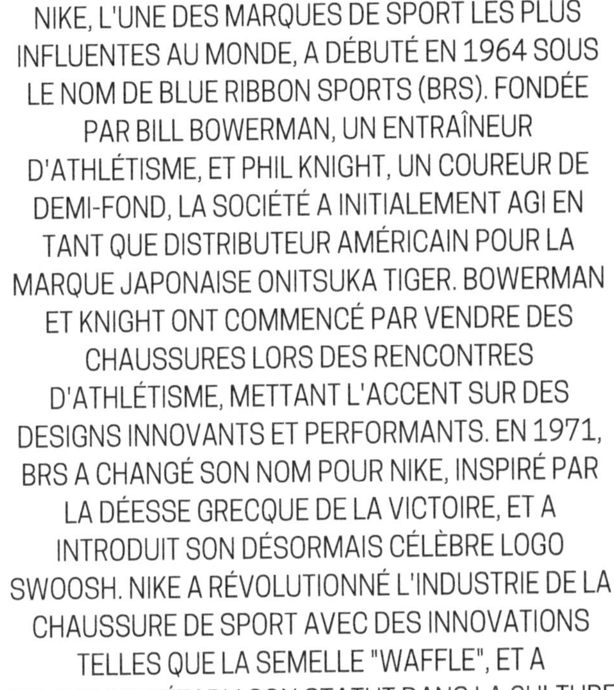

NIKE, L'UNE DES MARQUES DE SPORT LES PLUS INFLUENTES AU MONDE, A DÉBUTÉ EN 1964 SOUS LE NOM DE BLUE RIBBON SPORTS (BRS). FONDÉE PAR BILL BOWERMAN, UN ENTRAÎNEUR D'ATHLÉTISME, ET PHIL KNIGHT, UN COUREUR DE DEMI-FOND, LA SOCIÉTÉ A INITIALEMENT AGI EN TANT QUE DISTRIBUTEUR AMÉRICAIN POUR LA MARQUE JAPONAISE ONITSUKA TIGER. BOWERMAN ET KNIGHT ONT COMMENCÉ PAR VENDRE DES CHAUSSURES LORS DES RENCONTRES D'ATHLÉTISME, METTANT L'ACCENT SUR DES DESIGNS INNOVANTS ET PERFORMANTS. EN 1971, BRS A CHANGÉ SON NOM POUR NIKE, INSPIRÉ PAR LA DÉESSE GRECQUE DE LA VICTOIRE, ET A INTRODUIT SON DÉSORMAIS CÉLÈBRE LOGO SWOOSH. NIKE A RÉVOLUTIONNÉ L'INDUSTRIE DE LA CHAUSSURE DE SPORT AVEC DES INNOVATIONS TELLES QUE LA SEMELLE "WAFFLE", ET A SOLIDEMENT ÉTABLI SON STATUT DANS LA CULTURE POPULAIRE GRÂCE À DES ENDORSEMENTS ET DES CAMPAGNES PUBLICITAIRES MARQUANTES.

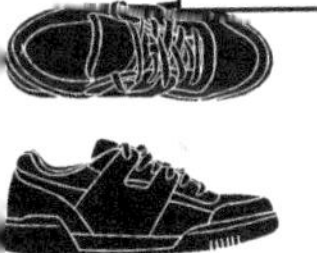

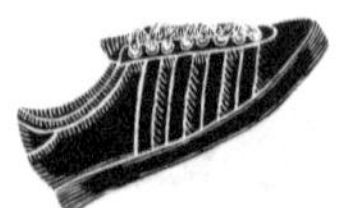

6

LANCEMENT AIR JORDAN

LA SORTIE DES AIR JORDAN EN 1985 PAR NIKE A ÉTÉ
UN MOMENT PHARE DANS L'HISTOIRE DE LA BASKET.
CES CHAUSSURES ONT ÉTÉ CONÇUES POUR
MICHAEL JORDAN, L'UNE DES FIGURES LES PLUS
EMBLÉMATIQUES DU BASKETBALL. À CETTE
ÉPOQUE, IL ÉTAIT INHABITUEL POUR UN ATHLÈTE,
SURTOUT UN DÉBUTANT, D'AVOIR UNE LIGNE DE
CHAUSSURES À SON NOM. LES AIR JORDAN ONT
NON SEULEMENT OFFERT DES INNOVATIONS
TECHNOLOGIQUES, COMME UNE CONSTRUCTION EN
CUIR ET UNE SEMELLE À COUSSIN D'AIR, MAIS ELLES
ONT ÉGALEMENT MARQUÉ UN TOURNANT DANS LA
COMMERCIALISATION DES BASKETS. AVEC LEUR
DESIGN AUDACIEUX ET LEUR ASSOCIATION AVEC
JORDAN, ELLES ONT RAPIDEMENT TRANSCENDÉ LE
MONDE DU SPORT POUR DEVENIR UN SYMBOLE
CULTUREL. LES AIR JORDAN ONT ENGENDRÉ UNE
SÉRIE DE MODÈLES ET DE VERSIONS, CHACUN
CAPTURANT L'ESSENCE DE L'INNOVATION ET DU
STYLE, ET RESTENT UNE DES LIGNES DE BASKETS
LES PLUS POPULAIRES ET INFLUENTES.

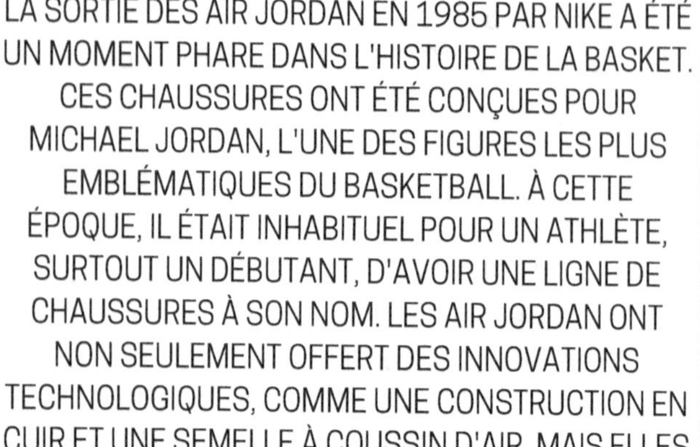

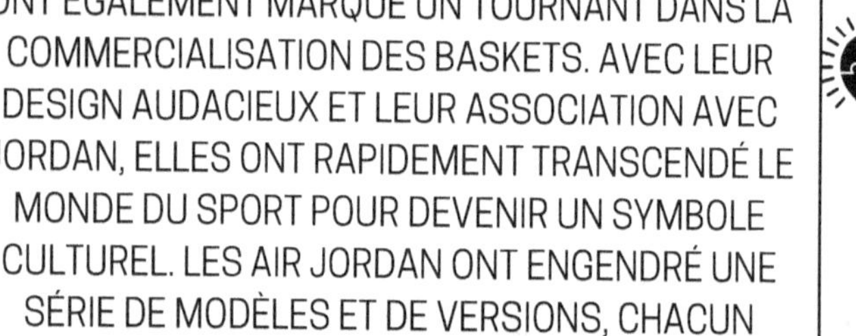
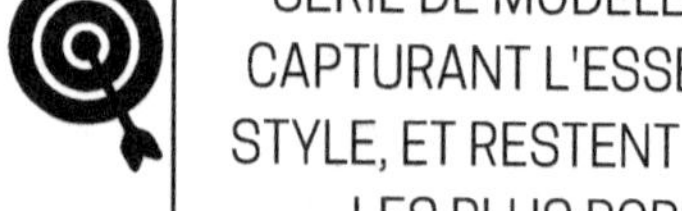
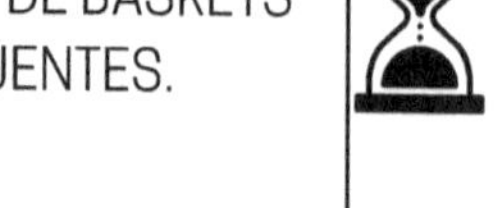

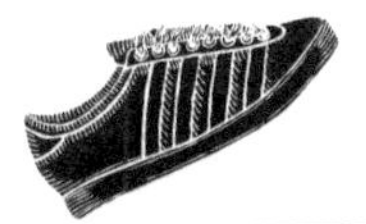

CHUCK TAYLOR

LES CÉLÈBRES BASKETS "CHUCK TAYLOR" DE CONVERSE PORTENT LE NOM DE CHARLES "CHUCK" TAYLOR, UN JOUEUR DE BASKETBALL AMÉRICAIN INFLUENT DES ANNÉES 1920. TAYLOR A REJOINT L'ÉQUIPE DE VENTE DE CONVERSE EN 1921, PEU APRÈS AVOIR COMMENCÉ À PORTER LEURS BASKETS. CONVAINCU DE L'IMPORTANCE D'UNE CHAUSSURE SPÉCIFIQUE POUR LE BASKETBALL, IL A TRAVAILLÉ AVEC CONVERSE POUR AMÉLIORER LEUR DESIGN, CONDUISANT À LA CRÉATION DE LA CONVERSE ALL STAR. EN 1932, EN RECONNAISSANCE DE SES CONTRIBUTIONS ET DE SON RÔLE EN TANT QU'AMBASSADEUR DE LA MARQUE, CONVERSE A AJOUTÉ SON NOM À LA CHEVILLE DE CHAQUE CHAUSSURE. LES "CHUCK TAYLORS" SONT DEVENUES BIEN PLUS QU'UNE SIMPLE CHAUSSURE DE SPORT, SYMBOLISANT UNE FUSION DE LA CULTURE SPORTIVE ET DE LA MODE. ELLES SONT RECONNUES MONDIALEMENT ET RESTENT UN CLASSIQUE INTEMPOREL, PORTÉES PAR DES GÉNÉRATIONS DANS DIVERSES CULTURES ET MILIEUX.

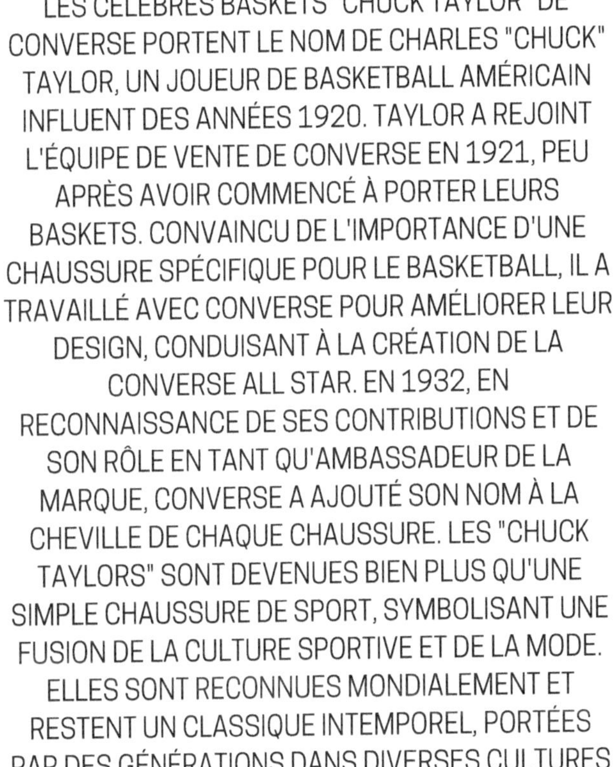

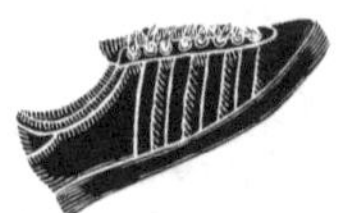

8

NIKE VIRGULE

1972 A MARQUÉ UN TOURNANT POUR NIKE AVEC L'INTRODUCTION DE LEUR PREMIÈRE CHAUSSURE ARBORANT LE DÉSORMAIS EMBLÉMATIQUE LOGO "SWOOSH". CE LOGO, REPRÉSENTANT UNE VIRGULE INVERSÉE ET STYLISÉE, A ÉTÉ CONÇU PAR CAROLYN DAVIDSON, UNE ÉTUDIANTE EN GRAPHISME. ELLE A ÉTÉ INSPIRÉE PAR LA DÉESSE GRECQUE DE LA VICTOIRE, NIKE, ET A CHERCHÉ À CAPTURER LE MOUVEMENT ET LA VITESSE DANS SON DESIGN. LE "SWOOSH" A FAIT SES DÉBUTS SUR LA NIKE CORTEZ, UNE CHAUSSURE DE COURSE INNOVANTE, ET EST RAPIDEMENT DEVENU SYNONYME DE LA MARQUE. CE LOGO SIMPLE MAIS PUISSANT A JOUÉ UN RÔLE CRUCIAL DANS L'IDENTITÉ DE NIKE, SYMBOLISANT À LA FOIS LA PERFORMANCE ET LE PRESTIGE. AUJOURD'HUI, LE "SWOOSH" EST L'UN DES LOGOS LES PLUS RECONNUS DANS LE MONDE, INCARNANT L'ESPRIT DU SPORT ET DE L'INNOVATION.

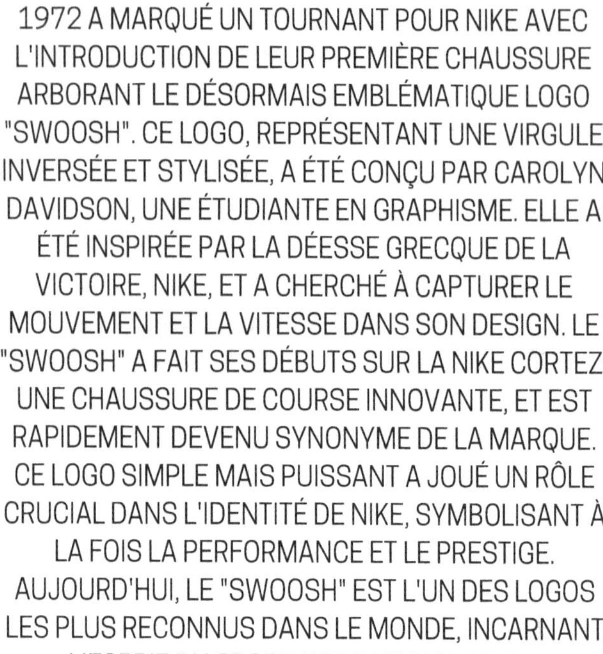

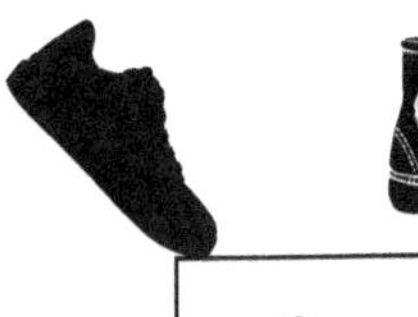

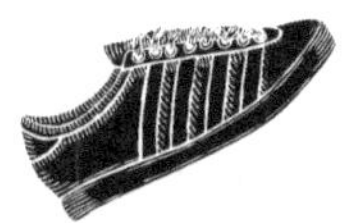

9

REEBOK FEMMES

REEBOK A JOUÉ UN RÔLE PIONNIER DANS L'INDUSTRIE DES BASKETS EN ÉTANT L'UNE DES PREMIÈRES MARQUES À RECONNAÎTRE ET À RÉPONDRE SPÉCIFIQUEMENT AUX BESOINS DES FEMMES DANS LE SPORT ET LA FORME PHYSIQUE. DANS LES ANNÉES 1980, REEBOK A INTRODUIT DES BASKETS CONÇUES SPÉCIALEMENT POUR LES FEMMES, NOTAMMENT LE MODÈLE "FREESTYLE", QUI A ÉTÉ UN SUCCÈS COMMERCIAL MAJEUR. CETTE CHAUSSURE, INITIALEMENT CONÇUE POUR L'AÉROBIC, A COMBINÉ FONCTIONNALITÉ ET STYLE, OFFRANT À LA FOIS SUPPORT ET FLEXIBILITÉ ADAPTÉS À L'EXERCICE. LA POPULARITÉ DE LA FREESTYLE A COÏNCIDÉ AVEC LA MONTÉE DE L'AÉROBIC COMME TENDANCE DE FITNESS, PROPULSANT REEBOK AU PREMIER PLAN DE L'INDUSTRIE DE LA CHAUSSURE. CETTE INITIATIVE A NON SEULEMENT RENFORCÉ LA PRÉSENCE DES FEMMES DANS LE DOMAINE DU SPORT, MAIS A ÉGALEMENT CONTRIBUÉ À L'ÉVOLUTION DES BASKETS EN TANT QU'ÉLÉMENT DE MODE ET DE DÉCLARATION D'IDENTITÉ.

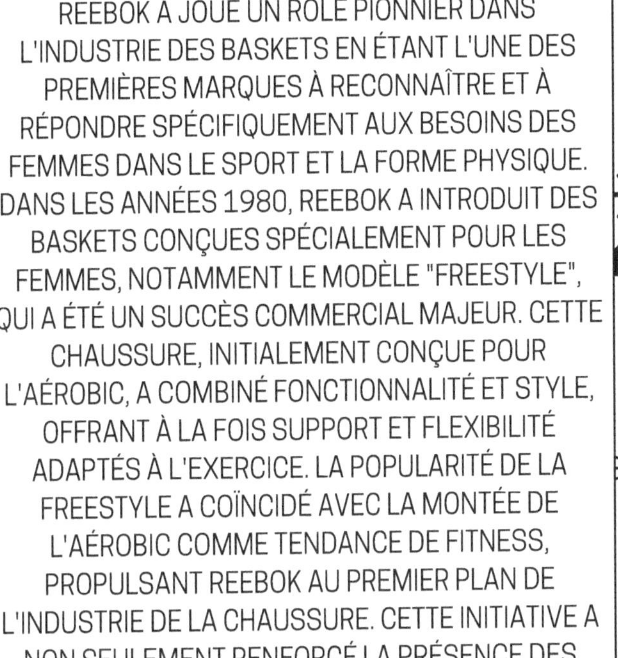

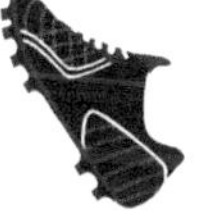

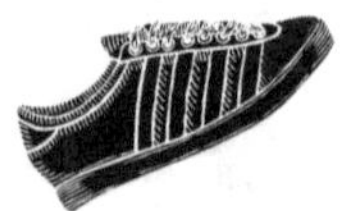

10

SOUS-CULTURES BASKETS

DEPUIS LES ANNÉES 1970, LES BASKETS ONT TRANSCENDÉ LEUR UTILISATION ORIGINALE COMME CHAUSSURES DE SPORT POUR DEVENIR DES SYMBOLES FORTS AU SEIN DE DIVERSES SOUS-CULTURES. DANS LA CULTURE HIP-HOP, PAR EXEMPLE, ELLES SONT DEVENUES UN ÉLÉMENT ESSENTIEL DU STYLE, EXPRIMANT L'IDENTITÉ ET L'APPARTENANCE. DES GROUPES COMME RUN-DMC ONT MÊME DÉDIÉ DES CHANSONS AUX BASKETS, SOULIGNANT LEUR IMPORTANCE CULTURELLE. DANS LE MOUVEMENT PUNK, LES BASKETS REPRÉSENTAIENT UN REJET DES NORMES CONVENTIONNELLES DE LA MODE, TANDIS QUE DANS LA CULTURE SKATE, ELLES OFFRAIENT À LA FOIS FONCTIONNALITÉ ET RÉSISTANCE. CETTE ADOPTION PAR DIVERS GROUPES A PERMIS AUX BASKETS D'ÉVOLUER AU-DELÀ DE LEUR BUT INITIAL, DEVENANT DES TOILES POUR L'EXPRESSION PERSONNELLE ET LA CRÉATIVITÉ, ET SOLIDIFIANT LEUR PLACE EN TANT QU'ICÔNES CULTURELLES.

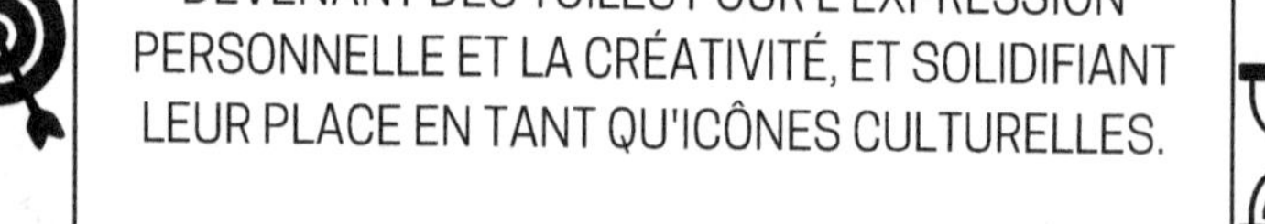

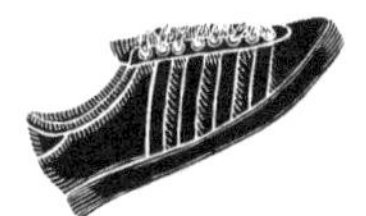

11

CRÉATION PUMA

PUMA, L'UNE DES MARQUES DE SPORT LES PLUS RECONNUES, A ÉTÉ FONDÉE EN 1948 PAR RUDOLF DASSLER, LE FRÈRE D'ADI DASSLER, FONDATEUR D'ADIDAS. LES DEUX FRÈRES AVAIENT INITIALEMENT CO-FONDÉ UNE ENTREPRISE DE CHAUSSURES ENSEMBLE, MAIS SUITE À DES DÉSACCORDS, ILS ONT CHOISI DE SUIVRE DES CHEMINS SÉPARÉS. RUDOLF A CRÉÉ PUMA, METTANT L'ACCENT SUR L'INNOVATION DANS LA CONCEPTION DE CHAUSSURES DE SPORT. L'UN DES PREMIERS SUCCÈS DE PUMA A ÉTÉ LA CRÉATION DE CRAMPONS DE FOOTBALL, RÉVOLUTIONNANT LE CHAUSSAGE DANS CE SPORT. AU FIL DES ANS, PUMA A ÉGALEMENT ACQUIS UNE FORTE PRÉSENCE DANS LE MONDE DE L'ATHLÉTISME ET A ÉTÉ ADOPTÉE PAR DE NOMBREUSES ICÔNES SPORTIVES. LA RIVALITÉ ENTRE ADIDAS ET PUMA A STIMULÉ L'INNOVATION ET LA COMPÉTITION DANS L'INDUSTRIE DES CHAUSSURES DE SPORT, CHACUNE DES MARQUES CHERCHANT CONSTAMMENT À AMÉLIORER SES DESIGNS ET TECHNOLOGIES.

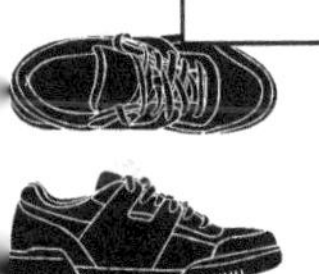

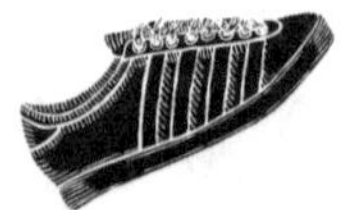

SYMBOLE STATUT

LES BASKETS ONT ÉVOLUÉ POUR DEVENIR DES SYMBOLES DE STATUT SOCIAL ET D'APPARTENANCE À CERTAINES COMMUNAUTÉS OU STYLES DE VIE. CETTE TENDANCE A COMMENCÉ À SE MANIFESTER DE FAÇON NOTABLE DANS LES ANNÉES 1980 ET 1990, LORSQUE DES BASKETS SPÉCIFIQUES ONT COMMENCÉ À ÊTRE ASSOCIÉES À LA PROSPÉRITÉ, AU STYLE OU À UN GROUPE CULTUREL PARTICULIER. DES ÉDITIONS LIMITÉES ET DES COLLABORATIONS ENTRE MARQUES DE BASKETS ET DESIGNERS DE RENOM ONT RENFORCÉ CETTE PERCEPTION, TRANSFORMANT CERTAINS MODÈLES EN OBJETS DE DÉSIR HAUTEMENT CONVOITÉS. POUR BEAUCOUP, POSSÉDER UNE PAIRE DE BASKETS RARES OU COÛTEUSES EST DEVENU UN MOYEN DE MONTRER NON SEULEMENT UN SENS DE LA MODE, MAIS AUSSI UN STATUT SOCIAL. CETTE DYNAMIQUE A CONTRIBUÉ À L'ÉMERGENCE D'UN MARCHÉ ROBUSTE POUR LES COLLECTIONNEURS ET LES AMATEURS DE BASKETS, OÙ LES MODÈLES RARES ET EXCLUSIFS PEUVENT ATTEINDRE DES PRIX EXTRÊMEMENT ÉLEVÉS.

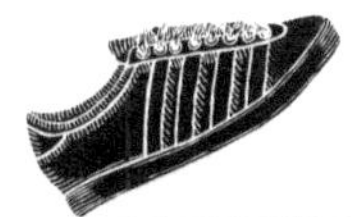

13

HOMMAGE ADIDAS

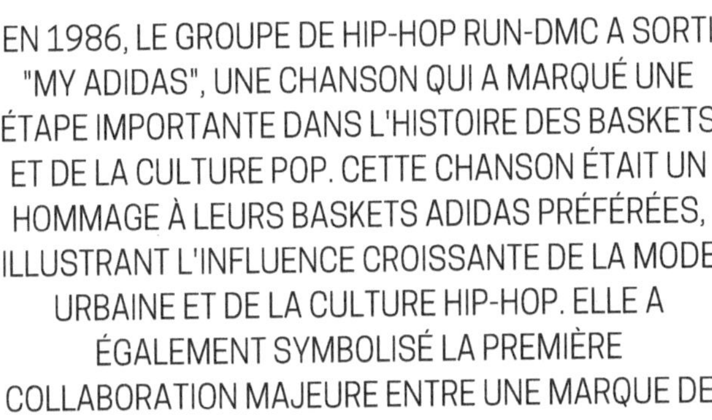

EN 1986, LE GROUPE DE HIP-HOP RUN-DMC A SORTI "MY ADIDAS", UNE CHANSON QUI A MARQUÉ UNE ÉTAPE IMPORTANTE DANS L'HISTOIRE DES BASKETS ET DE LA CULTURE POP. CETTE CHANSON ÉTAIT UN HOMMAGE À LEURS BASKETS ADIDAS PRÉFÉRÉES, ILLUSTRANT L'INFLUENCE CROISSANTE DE LA MODE URBAINE ET DE LA CULTURE HIP-HOP. ELLE A ÉGALEMENT SYMBOLISÉ LA PREMIÈRE COLLABORATION MAJEURE ENTRE UNE MARQUE DE SPORT ET DES ARTISTES HIP-HOP. L'IMPACT DE LA CHANSON A ÉTÉ TEL QU'ADIDAS A SIGNÉ UN CONTRAT D'ENDORSEMENT AVEC RUN-DMC, LE PREMIER DU GENRE POUR DES ARTISTES NON SPORTIFS. CETTE COLLABORATION A NON SEULEMENT ACCRU LA POPULARITÉ D'ADIDAS DANS LA CULTURE URBAINE, MAIS A ÉGALEMENT OUVERT LA VOIE À DE FUTURES COLLABORATIONS ENTRE MARQUES DE SPORT ET ARTISTES, ÉTABLISSANT UN MODÈLE POUR LE MARKETING DES BASKETS DANS LES DÉCENNIES À VENIR.

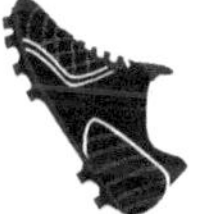

14

COLLECTION BASKETS

LA CULTURE DE COLLECTION DE BASKETS A COMMENCÉ À PRENDRE DE L'AMPLEUR DANS LES ANNÉES 1980, UNE PÉRIODE MARQUÉE PAR DES LANCEMENTS DE MODÈLES DE BASKETS EMBLÉMATIQUES ET DES COLLABORATIONS INNOVANTES. LES AMATEURS DE BASKETS, SOUVENT APPELÉS "SNEAKERHEADS", ONT COMMENCÉ À CHASSER DES ÉDITIONS RARES, LIMITÉES OU EXCLUSIVES. CETTE PASSION POUR LA COLLECTION A ÉTÉ ALIMENTÉE PAR L'ESSOR DE LA CULTURE HIP-HOP, DU BASKETBALL ET D'AUTRES SPORTS POPULAIRES, OÙ LES BASKETS ÉTAIENT SOUVENT AU CENTRE DE L'ATTENTION. LES COLLECTIONNEURS CHERCHAIENT DES MODÈLES SPÉCIFIQUES POUR LEUR DESIGN, LEUR HISTOIRE, OU LEUR ASSOCIATION AVEC DES ATHLÈTES OU DES CÉLÉBRITÉS CÉLÈBRES. AVEC LE TEMPS, CETTE PASSION S'EST TRANSFORMÉE EN UN MARCHÉ FLORISSANT, AVEC DES EXPOSITIONS, DES VENTES AUX ENCHÈRES ET DES BOUTIQUES SPÉCIALISÉES DÉDIÉES AUX BASKETS RARES ET COLLECTIONNABLES.

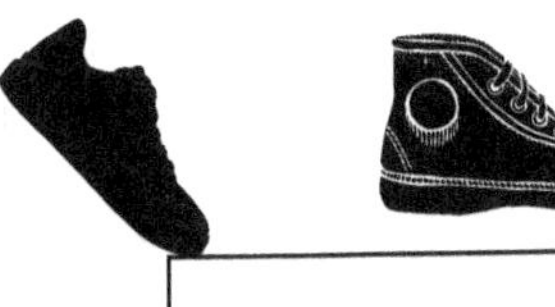
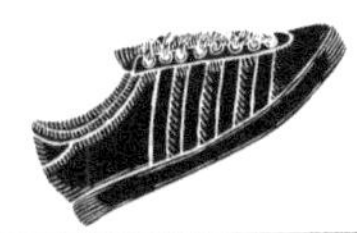

15

NEW BALANCE

NEW BALANCE, AUJOURD'HUI L'UNE DES PRINCIPALES MARQUES MONDIALES DE CHAUSSURES DE SPORT, A ÉTÉ FONDÉE EN 1906 PAR WILLIAM J. RILEY. À L'ORIGINE, L'ENTREPRISE, BASÉE À BOSTON, SE SPÉCIALISAIT DANS LA FABRICATION DE SEMELLES ORTHOPÉDIQUES ET D'AUTRES ACCESSOIRES CONÇUS POUR AMÉLIORER L'AJUSTEMENT DES CHAUSSURES. L'APPROCHE DE NEW BALANCE ÉTAIT CENTRÉE SUR L'OFFRE D'UN MEILLEUR ÉQUILIBRE ET D'UN CONFORT SUPÉRIEUR, D'OÙ LE NOM DE LA MARQUE. DANS LES ANNÉES 1960, NEW BALANCE A ÉLARGI SON ACTIVITÉ POUR INCLURE LA FABRICATION DE CHAUSSURES DE COURSE, METTANT L'ACCENT SUR DES TAILLES ET DES LARGEURS VARIÉES POUR ASSURER UN AJUSTEMENT OPTIMAL. LEUR ENGAGEMENT ENVERS LA QUALITÉ ET LE CONFORT, COMBINÉ À UNE PRODUCTION PLUS LIMITÉE POUR MAINTENIR DES NORMES ÉLEVÉES, A DISTINGUÉ NEW BALANCE DANS UN MARCHÉ DOMINÉ PAR DES MARQUES DE MASSE, ET A FIDÉLISÉ UNE CLIENTÈLE DÉDIÉE APPRÉCIANT LE CONFORT ET LA PERFORMANCE.

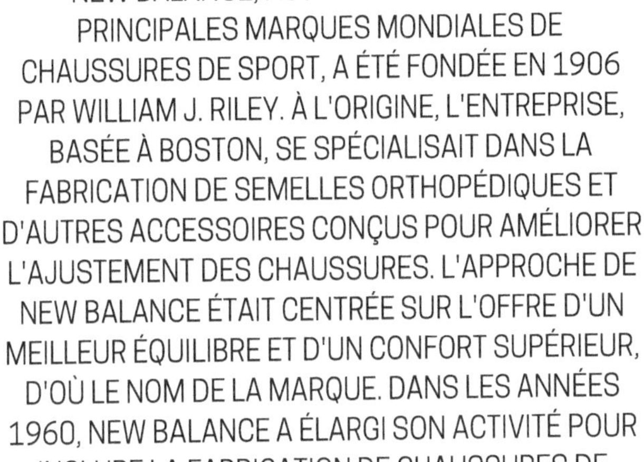

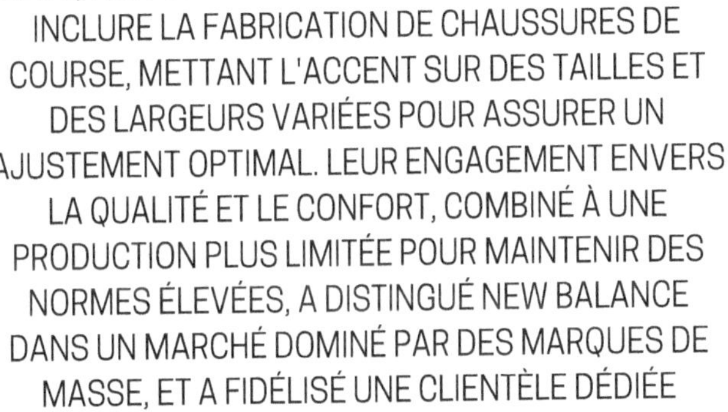

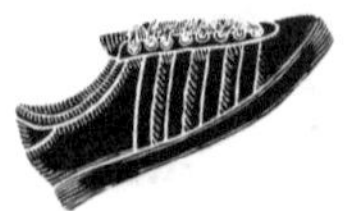

16

SEMELLES INNOVANTES

L'ÉVOLUTION DE LA TECHNOLOGIE DES SEMELLES DE BASKETS A JOUÉ UN RÔLE CRUCIAL DANS L'AMÉLIORATION DES PERFORMANCES SPORTIVES ET LE CONFORT. INITIALEMENT, LES SEMELLES ÉTAIENT PRINCIPALEMENT EN CAOUTCHOUC PLAT, OFFRANT PEU D'AMORTI OU DE SOUTIEN. AVEC LE TEMPS, LES FABRICANTS ONT COMMENCÉ À EXPÉRIMENTER AVEC DIVERS MATÉRIAUX ET DESIGNS POUR AMÉLIORER L'ABSORPTION DES CHOCS, LA STABILITÉ ET LA TRACTION. L'INTRODUCTION DE L'AIR, DU GEL ET DE LA MOUSSE DANS LES SEMELLES A RÉVOLUTIONNÉ LE CONFORT ET LA PERFORMANCE, EN RÉDUISANT L'IMPACT SUR LES ARTICULATIONS ET EN AMÉLIORANT L'ÉNERGIE DE REBOND. DES INNOVATIONS TELLES QUE LA SEMELLE "WAFFLE" DE NIKE ET LA TECHNOLOGIE "BOOST" D'ADIDAS SONT DES EXEMPLES DE LA FAÇON DONT LA TECHNOLOGIE DES SEMELLES CONTINUE D'ÉVOLUER, EN CHERCHANT CONSTAMMENT À AMÉLIORER L'EXPÉRIENCE DE L'ATHLÈTE ET DU PORTEUR QUOTIDIEN.

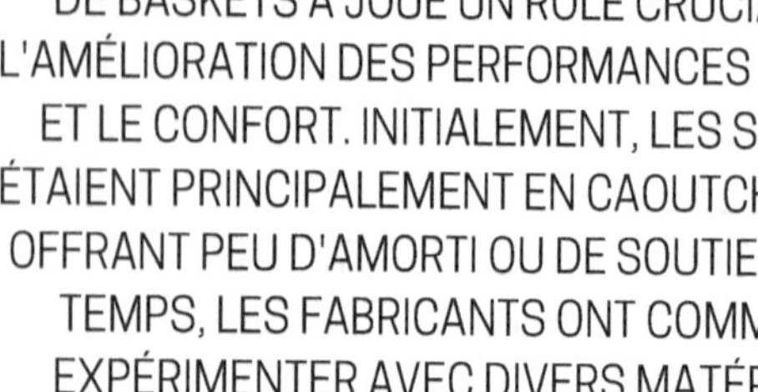

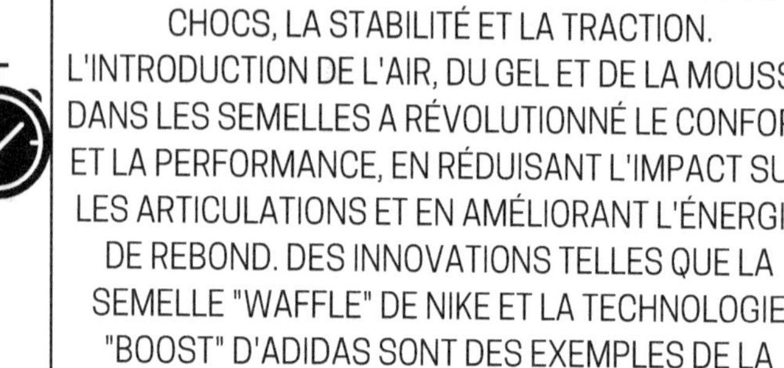
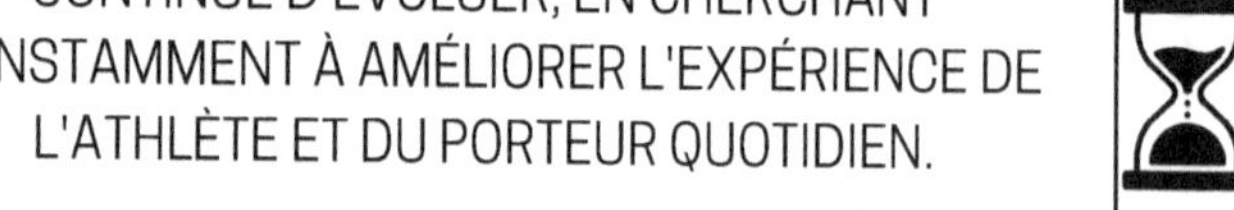

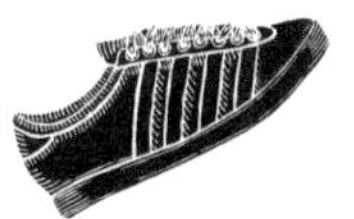

17

ICÔNES MODE

AU FIL DU TEMPS, CERTAINS MODÈLES DE BASKETS ONT TRANSCENDÉ LEUR UTILITÉ SPORTIVE POUR DEVENIR DE VÉRITABLES ICÔNES DE LA MODE. DES CHAUSSURES COMME LES ADIDAS STAN SMITH, LES NIKE AIR MAX, ET LES CONVERSE CHUCK TAYLOR ALL STAR ONT ACQUIS UN STATUT CULTE BIEN AU-DELÀ DE LEUR FONCTION INITIALE. CES MODÈLES ONT ÉTÉ ADOPTÉS PAR DIVERSES SOUS-CULTURES ET ONT FIGURÉ DANS DES DÉFILÉS DE MODE, ILLUSTRANT LEUR POLYVALENCE ET LEUR IMPACT CULTUREL. LEUR POPULARITÉ REPOSE NON SEULEMENT SUR LEUR CONFORT ET LEUR DURABILITÉ, MAIS AUSSI SUR LEUR CAPACITÉ À COMPLÉTER UNE VARIÉTÉ DE STYLES, DE LA MODE DE RUE AU CHIC DÉCONTRACTÉ. LEUR PRÉSENCE CONTINUE SUR LE MARCHÉ ET DANS LA CULTURE POPULAIRE TÉMOIGNE DE LEUR DESIGN INTEMPOREL ET DE LEUR INFLUENCE DURABLE DANS LE MONDE DE LA MODE.

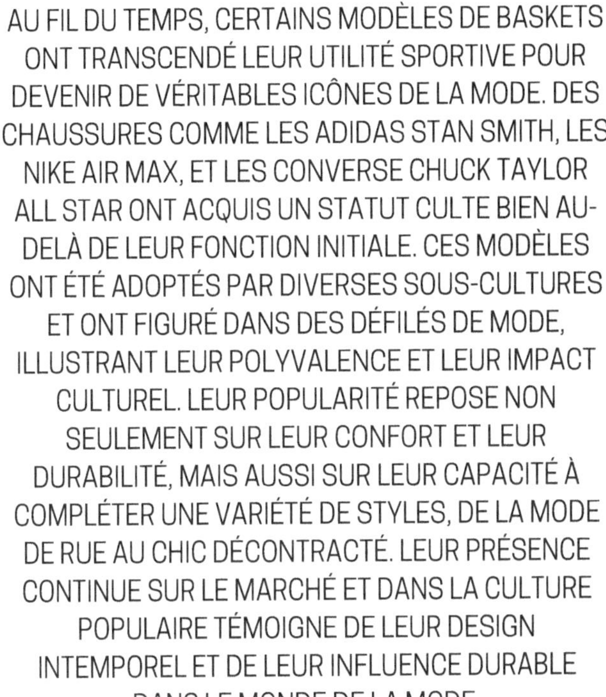

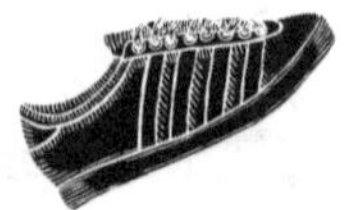

CHAUSSURE INTELLIGENTE

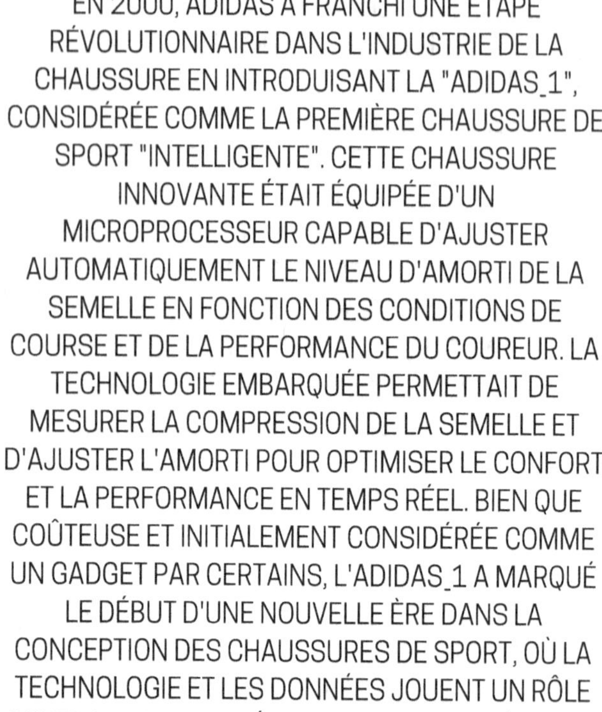

EN 2000, ADIDAS A FRANCHI UNE ÉTAPE RÉVOLUTIONNAIRE DANS L'INDUSTRIE DE LA CHAUSSURE EN INTRODUISANT LA "ADIDAS_1", CONSIDÉRÉE COMME LA PREMIÈRE CHAUSSURE DE SPORT "INTELLIGENTE". CETTE CHAUSSURE INNOVANTE ÉTAIT ÉQUIPÉE D'UN MICROPROCESSEUR CAPABLE D'AJUSTER AUTOMATIQUEMENT LE NIVEAU D'AMORTI DE LA SEMELLE EN FONCTION DES CONDITIONS DE COURSE ET DE LA PERFORMANCE DU COUREUR. LA TECHNOLOGIE EMBARQUÉE PERMETTAIT DE MESURER LA COMPRESSION DE LA SEMELLE ET D'AJUSTER L'AMORTI POUR OPTIMISER LE CONFORT ET LA PERFORMANCE EN TEMPS RÉEL. BIEN QUE COÛTEUSE ET INITIALEMENT CONSIDÉRÉE COMME UN GADGET PAR CERTAINS, L'ADIDAS_1 A MARQUÉ LE DÉBUT D'UNE NOUVELLE ÈRE DANS LA CONCEPTION DES CHAUSSURES DE SPORT, OÙ LA TECHNOLOGIE ET LES DONNÉES JOUENT UN RÔLE CENTRAL DANS L'AMÉLIORATION DE L'EXPÉRIENCE ATHLÉTIQUE.

  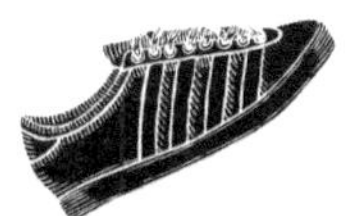 

19

COLLABORATIONS CRÉATIVES

LES COLLABORATIONS ENTRE DESIGNERS DE RENOM ET MARQUES DE BASKETS SONT DEVENUES UN PHÉNOMÈNE COURANT, ENRICHISSANT LE MONDE DE LA MODE ET DU SPORT. CES PARTENARIATS UNISSENT L'EXPERTISE TECHNIQUE DES MARQUES DE SPORT AVEC L'ESTHÉTIQUE UNIQUE DES DESIGNERS, CRÉANT DES PRODUITS QUI ALLIENT FONCTIONNALITÉ ET STYLE AVANT-GARDISTE. CES COLLABORATIONS PRODUISENT SOUVENT DES ÉDITIONS LIMITÉES TRÈS RECHERCHÉES, PROPULSANT LES BASKETS AU-DELÀ DE LEUR USAGE SPORTIF POUR EN FAIRE DES PIÈCES DE MODE DE COLLECTION. DES EXEMPLES NOTABLES INCLUENT LES COLLABORATIONS ENTRE ADIDAS ET KANYE WEST, NIKE ET OFF-WHITE, OU PUMA ET RIHANNA. CES PARTENARIATS ONT NON SEULEMENT DIVERSIFIÉ LE MARCHÉ DES BASKETS, MAIS ONT ÉGALEMENT ÉLARGI LEUR ATTRAIT AUPRÈS D'UN PUBLIC PLUS LARGE, Y COMPRIS LES AMATEURS DE MODE ET LES COLLECTIONNEURS.

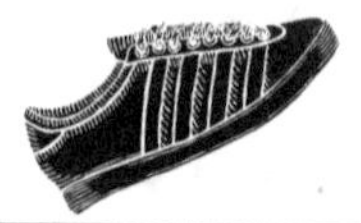

20

BASKETS ÉCOLOGIQUES

DANS UN MONDE DE PLUS EN PLUS CONSCIENT DE L'ENVIRONNEMENT ET DES QUESTIONS ÉTHIQUES, LES BASKETS VEGAN ET ÉCOLOGIQUES GAGNENT EN POPULARITÉ. CES CHAUSSURES SONT FABRIQUÉES SANS MATÉRIAUX D'ORIGINE ANIMALE ET AVEC UN IMPACT ENVIRONNEMENTAL RÉDUIT. LES MARQUES SE CONCENTRENT SUR L'UTILISATION DE MATÉRIAUX DURABLES, RECYCLÉS OU BIOLOGIQUES, RÉDUISANT AINSI LEUR EMPREINTE CARBONE ET LEUR CONSOMMATION D'EAU. DES MARQUES COMME VEJA ET ALLBIRDS ONT PRIS LES DEVANTS EN OFFRANT DES BASKETS ÉCOLOGIQUES ET ÉTHIQUES. MÊME LES GRANDES MARQUES, TELLES QU'ADIDAS ET NIKE, ONT INTRODUIT DES LIGNES ÉCOLOGIQUES, UTILISANT DES MATÉRIAUX RECYCLÉS ET INNOVANTS. CETTE TENDANCE RÉPOND À UNE DEMANDE CROISSANTE DES CONSOMMATEURS POUR DES PRODUITS RESPECTUEUX DE L'ENVIRONNEMENT ET SOCIALEMENT RESPONSABLES, MARQUANT UNE ÉVOLUTION SIGNIFICATIVE DANS L'INDUSTRIE DE LA CHAUSSURE.

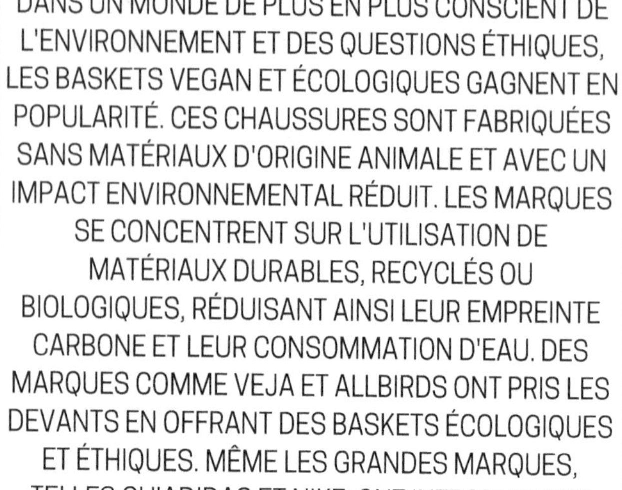

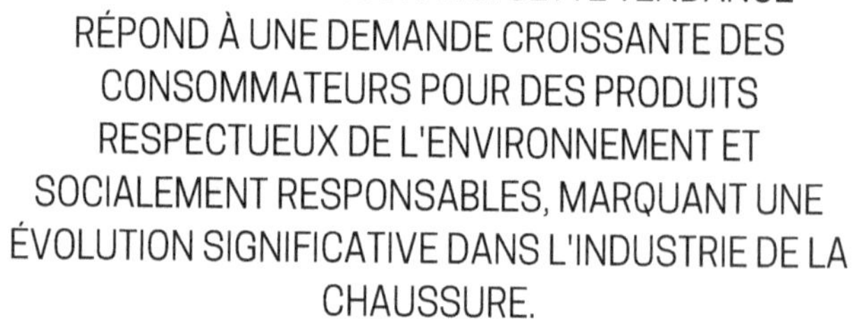

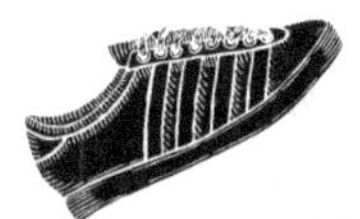

21

LAÇAGE AUTOMATIQUE

EN 2016, NIKE A RÉVOLUTIONNÉ L'INDUSTRIE DE LA CHAUSSURE EN INTRODUISANT LA TECHNOLOGIE DE LAÇAGE AUTOMATIQUE AVEC LA SORTIE DE LA NIKE HYPERADAPT 1.0. INSPIRÉE PAR LES CHAUSSURES FUTURISTES DU FILM "RETOUR VERS LE FUTUR II", CETTE TECHNOLOGIE PERMET AUX CHAUSSURES DE S'AJUSTER AUTOMATIQUEMENT À LA FORME DU PIED DE L'UTILISATEUR. DOTÉES DE CAPTEURS DE PRESSION ET D'UN MÉCANISME MOTORISÉ, LES HYPERADAPT DÉTECTENT LE PIED ET SERRENT OU DESSERRENT LES LACETS POUR UN AJUSTEMENT PARFAIT. CETTE INNOVATION REPRÉSENTE UN PAS EN AVANT SIGNIFICATIF DANS LE DOMAINE DE LA CHAUSSURE PERSONNALISÉE ET INTELLIGENTE. BIEN QUE COÛTEUSES, CES CHAUSSURES OUVRENT LA VOIE À DE NOUVELLES POSSIBILITÉS EN TERMES DE CONFORT ET DE FONCTIONNALITÉ, ET MONTRENT COMMENT LA TECHNOLOGIE PEUT TRANSFORMER L'EXPÉRIENCE DU PORT DE CHAUSSURES.

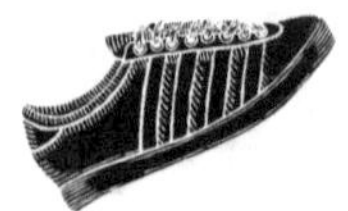

HIP-HOP BASKETS

LES BASKETS ONT UNE ASSOCIATION PROFONDE ET HISTORIQUE AVEC LA CULTURE HIP-HOP, DATANT DES ANNÉES 1970 ET 1980. DANS LE MONDE DU HIP-HOP, LES BASKETS SONT BIEN PLUS QUE DE SIMPLES CHAUSSURES ; ELLES REPRÉSENTENT UN ÉLÉMENT CRUCIAL DE L'EXPRESSION PERSONNELLE ET DE L'IDENTITÉ. LES ARTISTES ET FANS DE HIP-HOP ONT SOUVENT FAVORISÉ DES MODÈLES PARTICULIERS DE BASKETS, LES ÉLEVANT AU RANG DE SYMBOLES CULTURELS. CETTE RELATION EST RENFORCÉE PAR LE FAIT QUE DE NOMBREUX ARTISTES HIP-HOP ONT ÉTÉ IMPLIQUÉS DANS LA PROMOTION OU LA CONCEPTION DE BASKETS, CRÉANT UN LIEN INDISSOCIABLE ENTRE LA MUSIQUE, LA MODE ET L'EXPRESSION DE SOI. LES BASKETS, DANS LA CULTURE HIP-HOP, NE SONT PAS SEULEMENT UN CHOIX DE MODE, MAIS UNE DÉCLARATION DE VALEURS, D'APPARTENANCE ET DE STYLE PERSONNEL.

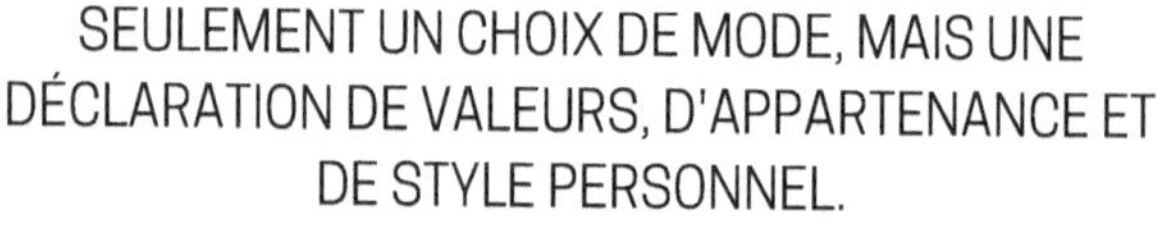

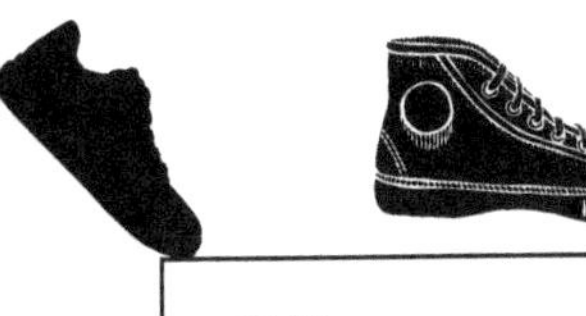
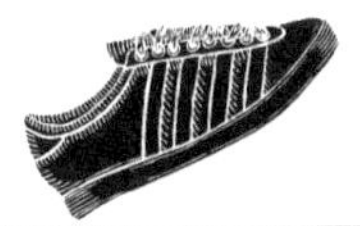

23

ÉDITIONS LIMITÉES

LES ÉDITIONS LIMITÉES DE BASKETS SONT CÉLÈBRES POUR ATTEINDRE DES PRIX TRÈS ÉLEVÉS SUR LE MARCHÉ SECONDAIRE, SOUVENT BIEN AU-DELÀ DE LEUR PRIX DE VENTE INITIAL. CES ÉDITIONS SONT GÉNÉRALEMENT PRODUITES EN QUANTITÉS LIMITÉES ET PRÉSENTENT SOUVENT DES DESIGNS UNIQUES OU SONT LE RÉSULTAT DE COLLABORATIONS SPÉCIALES. LEUR RARETÉ ET LEUR EXCLUSIVITÉ ATTIRENT LES COLLECTIONNEURS ET LES PASSIONNÉS, PRÊTS À PAYER DES SOMMES CONSIDÉRABLES POUR AJOUTER CES PIÈCES À LEUR COLLECTION. DES MODÈLES COMME LES AIR JORDAN, YEEZY PAR ADIDAS, ET LES COLLABORATIONS NIKE X OFF-WHITE SONT DES EXEMPLES NOTOIRES DE BASKETS QUI PEUVENT SE VENDRE À DES PRIX ASTRONOMIQUES. CES VENTES ILLUSTRENT LA VALEUR CULTURELLE ET LE STATUT DE CES CHAUSSURES DANS LE MONDE DE LA MODE ET DE LA COLLECTION.

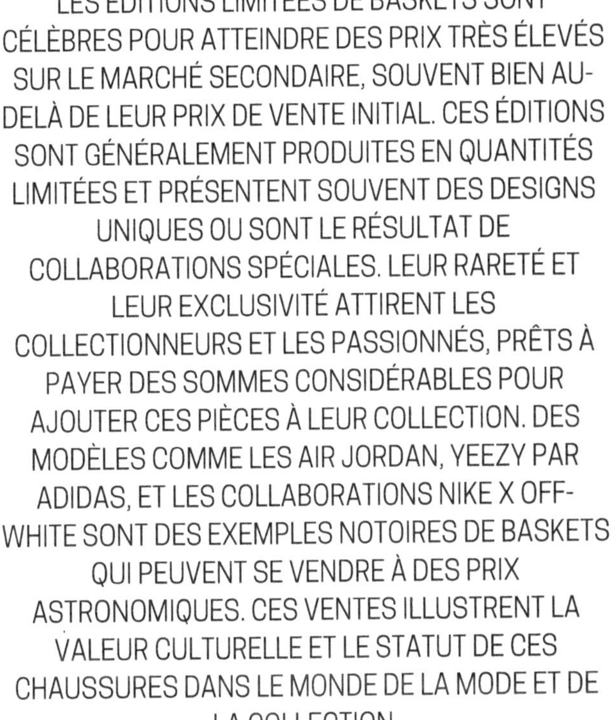

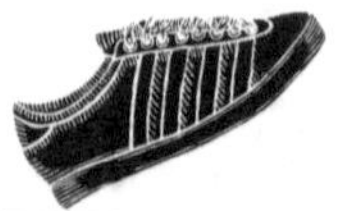

24

BASKETS LUNAIRE

LORS DE LA MISSION APOLLO 11 EN 1969, L'ASTRONAUTE BUZZ ALDRIN A MARQUÉ L'HISTOIRE NON SEULEMENT PAR SON VOYAGE SUR LA LUNE, MAIS AUSSI PAR SON CHOIX DE CHAUSSURES. ALDRIN A FOULÉ LA SURFACE LUNAIRE EN PORTANT UNE PAIRE DE BASKETS FABRIQUÉES PAR LA SOCIÉTÉ HUTCHINSON, UNE MARQUE PEU CONNUE À L'ÉPOQUE. CES CHAUSSURES, CONÇUES SPÉCIFIQUEMENT POUR L'ÉQUIPAGE D'APOLLO 11, ÉTAIENT DES BOTTES OVERSHOES PORTÉES SUR LES COMBINAISONS SPATIALES. LEUR DESIGN LÉGER ET LEUR RÉSISTANCE À DES CONDITIONS EXTRÊMES LES RENDAIENT IDÉALES POUR L'ENVIRONNEMENT LUNAIRE. BIEN QUE CES CHAUSSURES NE SOIENT PAS DES BASKETS DANS LE SENS TRADITIONNEL, LEUR UTILISATION DANS UNE MISSION AUSSI EMBLÉMATIQUE A AJOUTÉ UN CHAPITRE FASCINANT À L'HISTOIRE DE LA CHAUSSURE ET SOULIGNE LA POLYVALENCE ET L'IMPORTANCE DES CHAUSSURES ADAPTÉES À DES BESOINS SPÉCIFIQUES.

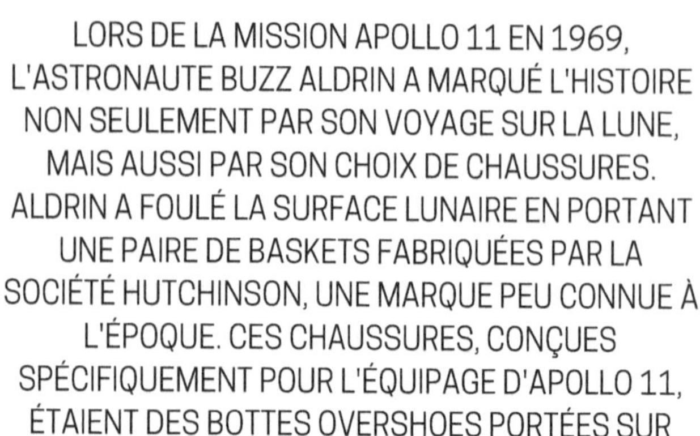

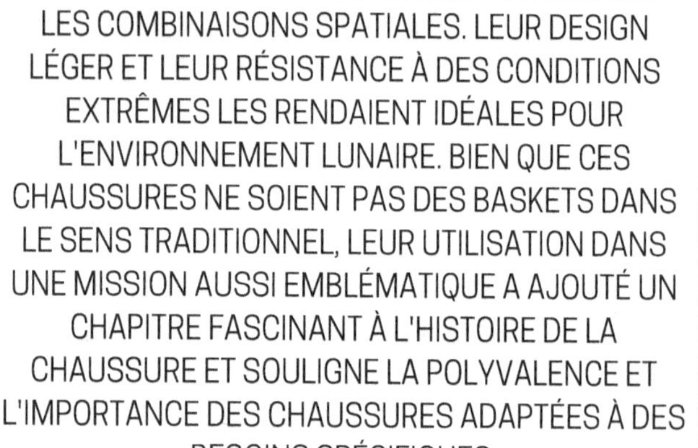

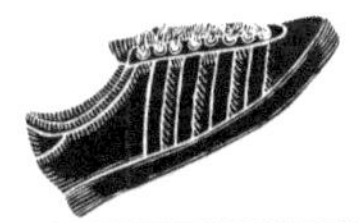

25

MATÉRIAUX RECYCLÉS

L'INDUSTRIE DE LA CHAUSSURE, CONSCIENTE DE SON IMPACT ENVIRONNEMENTAL, SE TOURNE DE PLUS EN PLUS VERS L'UTILISATION DE MATÉRIAUX RECYCLÉS DANS LA FABRICATION DES BASKETS. CETTE INITIATIVE VISE À RÉDUIRE LES DÉCHETS ET L'EMPREINTE CARBONE EN RÉUTILISANT DES MATÉRIAUX TELS QUE LE PLASTIQUE RÉCUPÉRÉ DES OCÉANS, LE CAOUTCHOUC RECYCLÉ, ET LES TEXTILES RÉUTILISÉS. DES MARQUES COMME ADIDAS ET NIKE ONT LANCÉ DES LIGNES DE BASKETS INTÉGRANT DES MATÉRIAUX RECYCLÉS, DÉMONTRANT QU'IL EST POSSIBLE DE COMBINER MODE, FONCTIONNALITÉ ET DURABILITÉ. CES EFFORTS NE SE LIMITENT PAS SEULEMENT À LA SEMELLE OU AU CORPS DE LA CHAUSSURE, MAIS S'ÉTENDENT ÉGALEMENT AUX LACETS, DOUBLURES ET EMBALLAGES. EN ADOPTANT DES PRATIQUES DE FABRICATION PLUS DURABLES, L'INDUSTRIE DES BASKETS FAIT UN PAS IMPORTANT VERS LA RÉDUCTION DE SON IMPACT ENVIRONNEMENTAL.

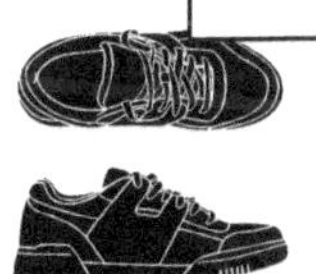

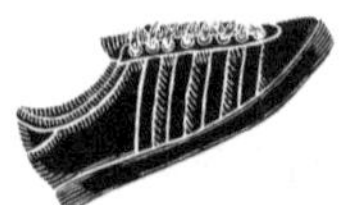

EXPOSITIONS MUSÉES

LA SIGNIFICATION CULTURELLE ET HISTORIQUE DES BASKETS EST TELLE QUE CERTAINS MODÈLES ONT TROUVÉ LEUR PLACE DANS DES MUSÉES À TRAVERS LE MONDE. DES INSTITUTIONS COMME LE BROOKLYN MUSEUM À NEW YORK ET LE DESIGN MUSEUM À LONDRES ONT ORGANISÉ DES EXPOSITIONS DÉDIÉES À L'HISTOIRE ET À L'IMPACT CULTUREL DES BASKETS. CES EXPOSITIONS METTENT EN LUMIÈRE NON SEULEMENT L'ÉVOLUTION DU DESIGN ET DE LA TECHNOLOGIE DES BASKETS, MAIS AUSSI LEUR INFLUENCE DANS LA SOCIÉTÉ, LA MODE, ET LA CULTURE POPULAIRE. DES MODÈLES EMBLÉMATIQUES COMME LES AIR JORDAN, LES ADIDAS SUPERSTAR, ET LES CONVERSE CHUCK TAYLOR SONT SOUVENT PRÉSENTÉS, RACONTANT L'HISTOIRE DE LEUR CRÉATION, LEUR ADOPTION PAR DIVERSES SOUS-CULTURES, ET LEUR ASCENSION EN TANT QU'ICÔNES DE LA MODE.

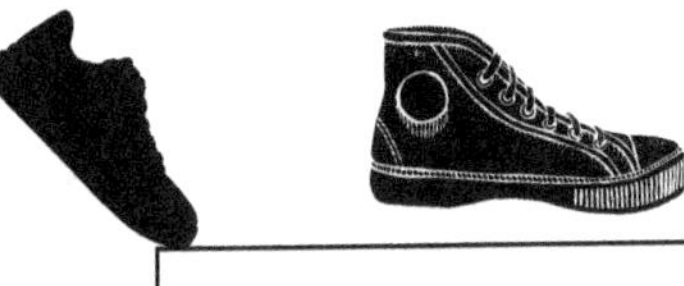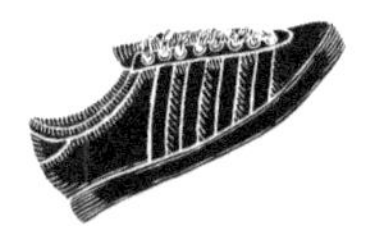

27

PERSONNALISATION BASKETS

LA PERSONNALISATION DES BASKETS EST DEVENUE UNE TENDANCE POPULAIRE, PERMETTANT AUX CONSOMMATEURS D'EXPRIMER LEUR STYLE UNIQUE. LES MARQUES DE BASKETS, GRANDES ET PETITES, OFFRENT DÉSORMAIS LA POSSIBILITÉ DE PERSONNALISER DES ASPECTS TELS QUE LA COULEUR, LE MATÉRIAU, ET PARFOIS MÊME LA FORME DE LA CHAUSSURE. CETTE TENDANCE EST ALIMENTÉE PAR LE DÉSIR CROISSANT D'INDIVIDUALITÉ ET D'EXCLUSIVITÉ DANS LA MODE. LES PLATEFORMES EN LIGNE DE PERSONNALISATION, COMME NIKEID DE NIKE, PERMETTENT AUX CLIENTS DE CRÉER LEURS PROPRES DESIGNS, CHOISISSANT PARMI UNE VARIÉTÉ D'OPTIONS POUR CRÉER UNE PAIRE DE CHAUSSURES QUI REFLÈTE LEUR GOÛT PERSONNEL. EN PLUS DES OPTIONS DE PERSONNALISATION PROPOSÉES PAR LES FABRICANTS, IL EXISTE UNE COMMUNAUTÉ FLORISSANTE D'ARTISTES ET DE DESIGNERS INDÉPENDANTS SPÉCIALISÉS DANS LA CUSTOMISATION DE BASKETS, AJOUTANT UN NIVEAU D'ART ET D'ORIGINALITÉ ENCORE PLUS POUSSÉ.

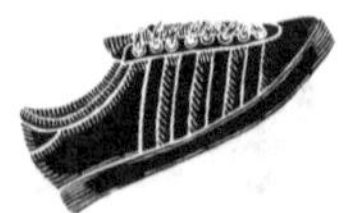

MOUVEMENTS POLITIQUES

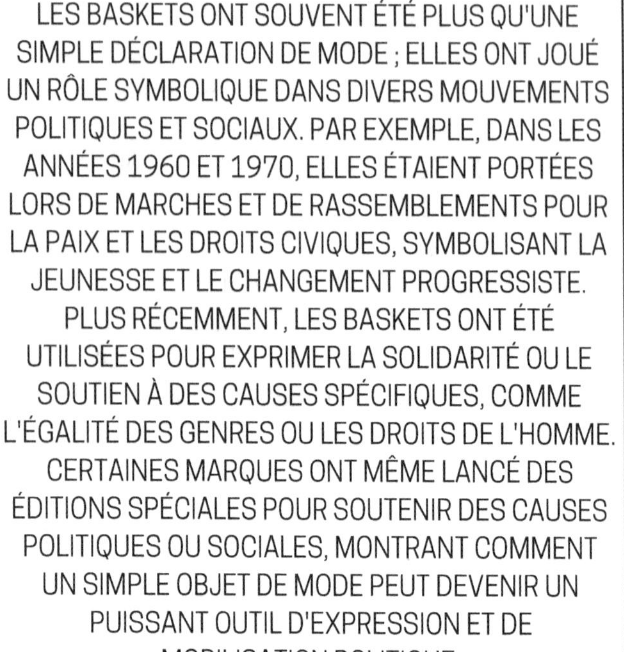

LES BASKETS ONT SOUVENT ÉTÉ PLUS QU'UNE SIMPLE DÉCLARATION DE MODE ; ELLES ONT JOUÉ UN RÔLE SYMBOLIQUE DANS DIVERS MOUVEMENTS POLITIQUES ET SOCIAUX. PAR EXEMPLE, DANS LES ANNÉES 1960 ET 1970, ELLES ÉTAIENT PORTÉES LORS DE MARCHES ET DE RASSEMBLEMENTS POUR LA PAIX ET LES DROITS CIVIQUES, SYMBOLISANT LA JEUNESSE ET LE CHANGEMENT PROGRESSISTE. PLUS RÉCEMMENT, LES BASKETS ONT ÉTÉ UTILISÉES POUR EXPRIMER LA SOLIDARITÉ OU LE SOUTIEN À DES CAUSES SPÉCIFIQUES, COMME L'ÉGALITÉ DES GENRES OU LES DROITS DE L'HOMME. CERTAINES MARQUES ONT MÊME LANCÉ DES ÉDITIONS SPÉCIALES POUR SOUTENIR DES CAUSES POLITIQUES OU SOCIALES, MONTRANT COMMENT UN SIMPLE OBJET DE MODE PEUT DEVENIR UN PUISSANT OUTIL D'EXPRESSION ET DE MOBILISATION POLITIQUE.

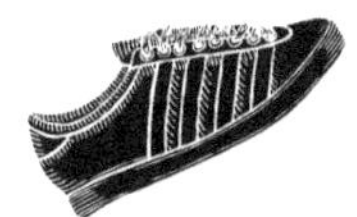

29

MESURE PERFORMANCE

L'INTÉGRATION DE LA TECHNOLOGIE DANS LES BASKETS A RÉVOLUTIONNÉ LA MANIÈRE DONT LES ATHLÈTES ET LES AMATEURS DE SPORT MESURENT ET ANALYSENT LEURS PERFORMANCES. CERTAINS MODÈLES MODERNES DE BASKETS INTÈGRENT DES CAPTEURS ET DES DISPOSITIFS ÉLECTRONIQUES QUI COLLECTENT DES DONNÉES SUR LA DISTANCE PARCOURUE, LA VITESSE, L'IMPACT, ET MÊME LE STYLE DE COURSE. CES DONNÉES SONT SOUVENT SYNCHRONISÉES AVEC DES APPLICATIONS MOBILES OU DES LOGICIELS, PERMETTANT AUX UTILISATEURS DE SUIVRE LEURS PROGRÈS, DE DÉFINIR DES OBJECTIFS ET D'AMÉLIORER LEUR TECHNIQUE. CES INNOVATIONS TECHNOLOGIQUES NE SE LIMITENT PAS SEULEMENT AUX CHAUSSURES DE SPORT DE HAUT NIVEAU, MAIS SONT ÉGALEMENT DEVENUES ACCESSIBLES AUX COUREURS ET SPORTIFS AMATEURS, RENDANT L'ANALYSE DE LA PERFORMANCE PLUS DÉMOCRATISÉE ET ACCESSIBLE.

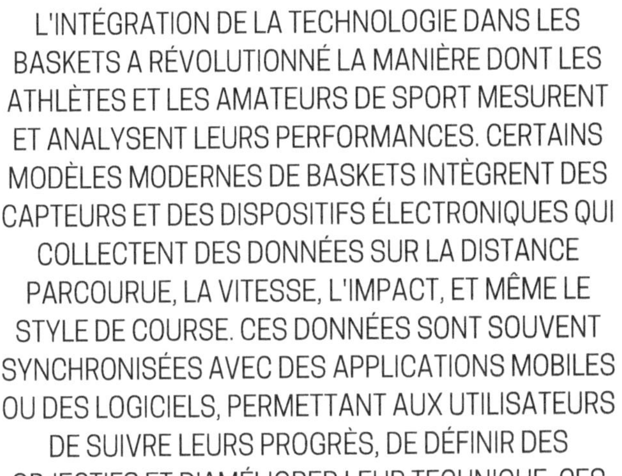

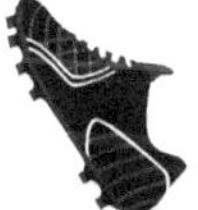

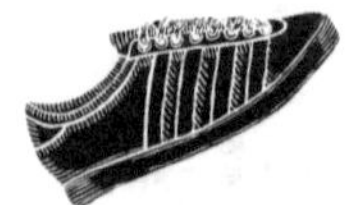

BASKETS SANS LACETS

LES BASKETS SANS LACETS, AUSSI CONNUES SOUS LE NOM DE "SLIP-ON", GAGNENT EN POPULARITÉ GRÂCE À LEUR COMBINAISON DE CONFORT ET DE COMMODITÉ. CES CHAUSSURES ÉLIMINENT LE BESOIN DE NOUER DES LACETS, OFFRANT UNE FACILITÉ D'ENFILAGE ET DE RETRAIT, CE QUI LES REND PARTICULIÈREMENT ATTRAYANTES POUR LES PERSONNES À LA RECHERCHE DE PRATICITÉ. LES SLIP-ON SONT DISPONIBLES DANS UNE VARIÉTÉ DE STYLES ET DE DESIGNS, ALLANT DES OPTIONS DÉCONTRACTÉES AUX MODÈLES PLUS SOPHISTIQUÉS. EN PLUS DE LEUR ASPECT PRATIQUE, LES BASKETS SANS LACETS SONT DEVENUES POPULAIRES DANS LA MODE DE RUE, APPRÉCIÉES POUR LEUR LOOK ÉPURÉ ET LEUR CAPACITÉ À S'ASSOCIER FACILEMENT AVEC DIFFÉRENTS STYLES VESTIMENTAIRES. CETTE TENDANCE EST UN EXEMPLE DE LA MANIÈRE DONT LES PRÉFÉRENCES DES CONSOMMATEURS EN MATIÈRE DE CONFORT ET DE STYLE FAÇONNENT L'ÉVOLUTION DU DESIGN DES CHAUSSURES.

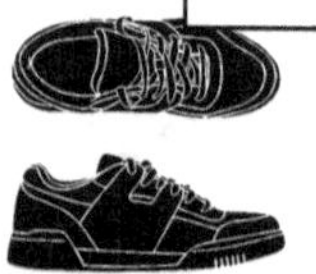

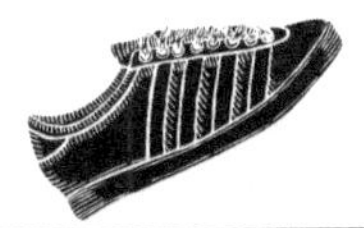

INDUSTRIE MILLIARDS

L'INDUSTRIE DES BASKETS REPRÉSENTE UN MARCHÉ COLOSSAL, ÉVALUÉ À PLUSIEURS MILLIARDS DE DOLLARS, REFLÉTANT SON IMMENSE POPULARITÉ ET SON IMPACT CULTUREL MONDIAL. CETTE VALEUR PROVIENT NON SEULEMENT DES VENTES RÉGULIÈRES DE CHAUSSURES DE SPORT ET DE LOISIRS, MAIS AUSSI DE LA MONTÉE DES ÉDITIONS LIMITÉES, DES COLLABORATIONS DE MARQUE ET DES BASKETS DE COLLECTION. LE MARCHÉ DES BASKETS ENGLOBE UNE LARGE GAMME DE CONSOMMATEURS, DES ATHLÈTES PROFESSIONNELS AUX AMATEURS DE MODE, ET CONTINUE DE CROÎTRE AVEC L'ÉMERGENCE DE NOUVELLES TENDANCES ET TECHNOLOGIES. LES MARQUES MAJEURES DE SPORT COMME NIKE, ADIDAS, ET PUMA, AINSI QUE DES MARQUES DE LUXE ET DES DESIGNERS INDÉPENDANTS, CONTRIBUENT À LA DIVERSITÉ ET À LA DYNAMIQUE DE CE MARCHÉ. LA CULTURE DE LA BASKET, AVEC SES COLLECTIONNEURS PASSIONNÉS ET SES COMMUNAUTÉS EN LIGNE, AJOUTE ÉGALEMENT UNE DIMENSION UNIQUE À L'INDUSTRIE, STIMULANT LA DEMANDE ET L'INNOVATION.

32

ÉDITIONS ÉVÉNEMENTIELLES

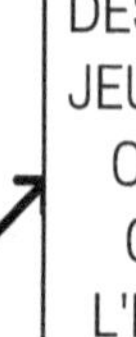

LES ÉDITIONS SPÉCIALES DE BASKETS SONT FRÉQUEMMENT LANCÉES POUR COÏNCIDER AVEC DES ÉVÉNEMENTS SPORTIFS MAJEURS, COMME LES JEUX OLYMPIQUES, LES CHAMPIONNATS DU MONDE OU DES ÉVÉNEMENTS NATIONAUX IMPORTANTS. CES ÉDITIONS SONT CONÇUES POUR CÉLÉBRER L'ÉVÉNEMENT, SOUVENT AVEC DES DESIGNS, DES COULEURS ET DES MOTIFS UNIQUES QUI REFLÈTENT L'ESPRIT DE LA COMPÉTITION. LES ATHLÈTES PEUVENT PORTER CES ÉDITIONS SPÉCIALES POUR MONTRER LEUR SOUTIEN OU LEUR AFFILIATION À UNE ÉQUIPE OU UN PAYS. POUR LES CONSOMMATEURS, CES ÉDITIONS OFFRENT UNE OPPORTUNITÉ DE SE CONNECTER AVEC L'ÉVÉNEMENT ET D'EXPRIMER LEUR ENTHOUSIASME POUR LE SPORT. ELLES DEVIENNENT SOUVENT DES OBJETS DE COLLECTION EN RAISON DE LEUR RARETÉ ET DE LEUR LIEN AVEC DES MOMENTS SPORTIFS HISTORIQUES.

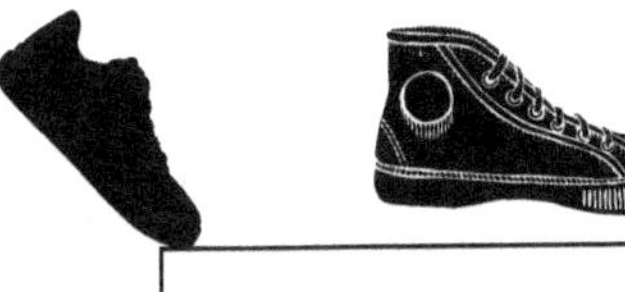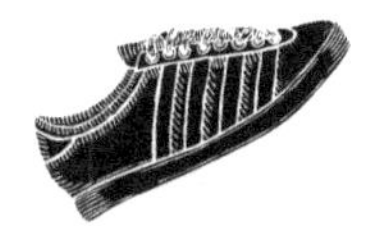

33

SEMELLE WAFFLE

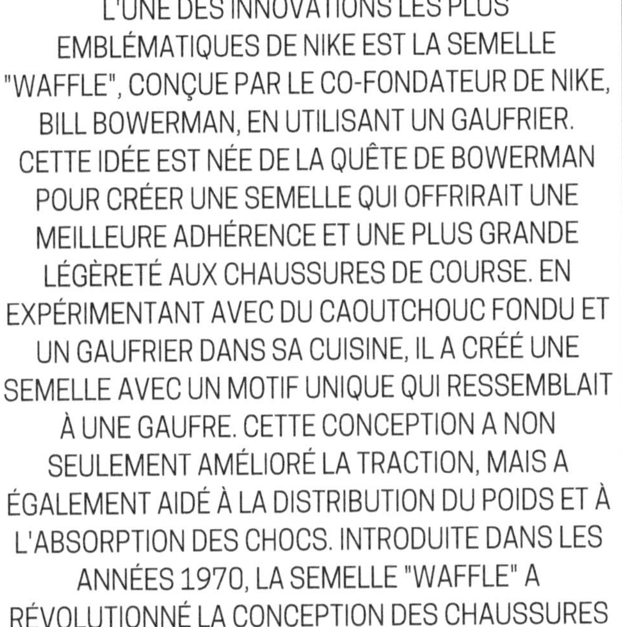

L'UNE DES INNOVATIONS LES PLUS EMBLÉMATIQUES DE NIKE EST LA SEMELLE "WAFFLE", CONÇUE PAR LE CO-FONDATEUR DE NIKE, BILL BOWERMAN, EN UTILISANT UN GAUFRIER. CETTE IDÉE EST NÉE DE LA QUÊTE DE BOWERMAN POUR CRÉER UNE SEMELLE QUI OFFRIRAIT UNE MEILLEURE ADHÉRENCE ET UNE PLUS GRANDE LÉGÈRETÉ AUX CHAUSSURES DE COURSE. EN EXPÉRIMENTANT AVEC DU CAOUTCHOUC FONDU ET UN GAUFRIER DANS SA CUISINE, IL A CRÉÉ UNE SEMELLE AVEC UN MOTIF UNIQUE QUI RESSEMBLAIT À UNE GAUFRE. CETTE CONCEPTION A NON SEULEMENT AMÉLIORÉ LA TRACTION, MAIS A ÉGALEMENT AIDÉ À LA DISTRIBUTION DU POIDS ET À L'ABSORPTION DES CHOCS. INTRODUITE DANS LES ANNÉES 1970, LA SEMELLE "WAFFLE" A RÉVOLUTIONNÉ LA CONCEPTION DES CHAUSSURES DE COURSE ET RESTE UNE CARACTÉRISTIQUE DISTINCTE DE CERTAINES CHAUSSURES NIKE.

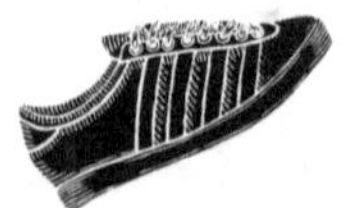

34

MATÉRIAUX NATURELS

DANS UNE DÉMARCHE VERS LA DURABILITÉ ET L'ÉCO-RESPONSABILITÉ, L'INDUSTRIE DE LA BASKET EXPLORE L'UTILISATION DE MATÉRIAUX ALTERNATIFS TELS QUE LE CHANVRE ET LE BAMBOU. CES MATÉRIAUX NATURELS OFFRENT PLUSIEURS AVANTAGES, NOTAMMENT UNE EMPREINTE CARBONE RÉDUITE, UNE GRANDE DURABILITÉ, ET UNE BIODÉGRADABILITÉ. LE CHANVRE, PAR EXEMPLE, EST CONNU POUR SA ROBUSTESSE ET SA CAPACITÉ À CROÎTRE RAPIDEMENT SANS NÉCESSITER BEAUCOUP DE PESTICIDES OU D'EAU. LE BAMBOU, QUANT À LUI, EST APPRÉCIÉ POUR SA LÉGÈRETÉ ET SA RESPIRABILITÉ, EN PLUS D'ÊTRE UN MATÉRIAU À CROISSANCE RAPIDE ET RENOUVELABLE. LES CHAUSSURES FABRIQUÉES À PARTIR DE CES MATÉRIAUX SONT NON SEULEMENT RESPECTUEUSES DE L'ENVIRONNEMENT, MAIS OFFRENT ÉGALEMENT UN CONFORT ET UNE PERFORMANCE COMPARABLES AUX MATÉRIAUX TRADITIONNELS, RÉPONDANT AINSI AUX BESOINS DES CONSOMMATEURS CONSCIENTS DE L'ENVIRONNEMENT.

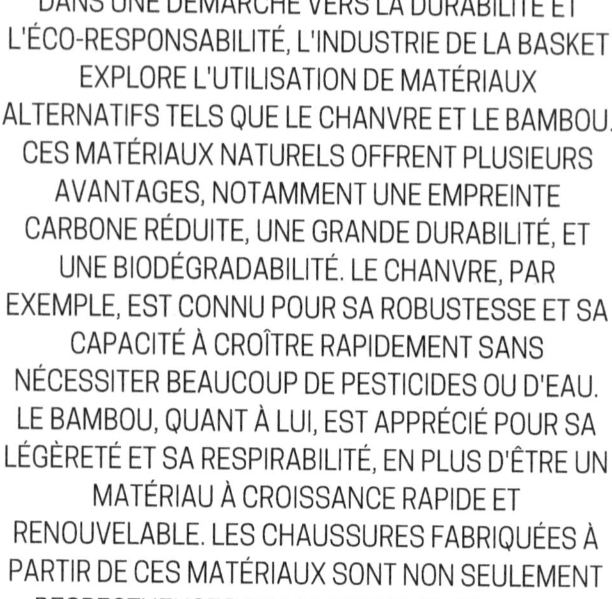

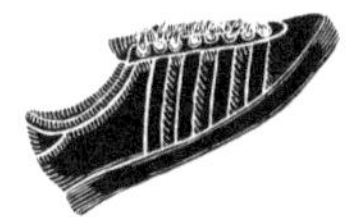

35

ENDORSEMENTS ATHLÈTES

LES CONTRATS D'ENDORSEMENT ENTRE ATHLÈTES ET MARQUES DE BASKETS SONT UNE PRATIQUE COURANTE ET MUTUELLEMENT BÉNÉFIQUE DANS LE MONDE DU SPORT. CES PARTENARIATS IMPLIQUENT GÉNÉRALEMENT QUE L'ATHLÈTE PORTE ET PROMEUVE LES CHAUSSURES D'UNE MARQUE SPÉCIFIQUE, SOUVENT EN ÉCHANGE D'UNE COMPENSATION FINANCIÈRE IMPORTANTE. CES ACCORDS PEUVENT ÉGALEMENT INCLURE LA PARTICIPATION DE L'ATHLÈTE DANS LE DÉVELOPPEMENT ET LE MARKETING DE NOUVEAUX MODÈLES. DES ATHLÈTES CÉLÈBRES COMME MICHAEL JORDAN, LEBRON JAMES, ET SERENA WILLIAMS ONT SIGNÉ DES CONTRATS D'ENDORSEMENT LUCRATIFS, DEVENANT DES VISAGES EMBLÉMATIQUES POUR LES MARQUES DE BASKETS. CES COLLABORATIONS AUGMENTENT NON SEULEMENT LA VISIBILITÉ DE LA MARQUE, MAIS PERMETTENT AUSSI AUX ATHLÈTES D'AVOIR UN IMPACT SIGNIFICATIF SUR LA CONCEPTION ET LE STYLE DES CHAUSSURES.

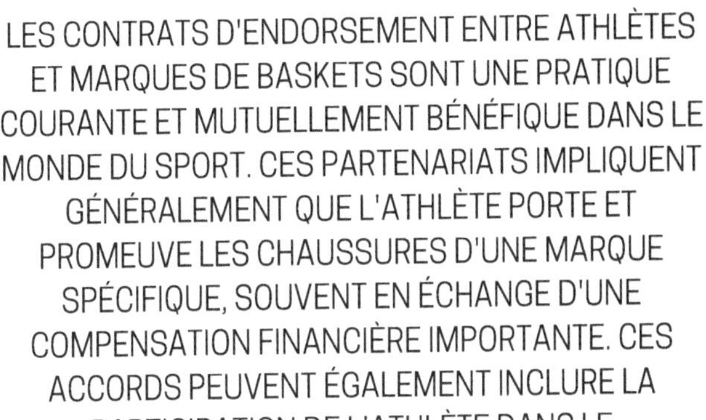

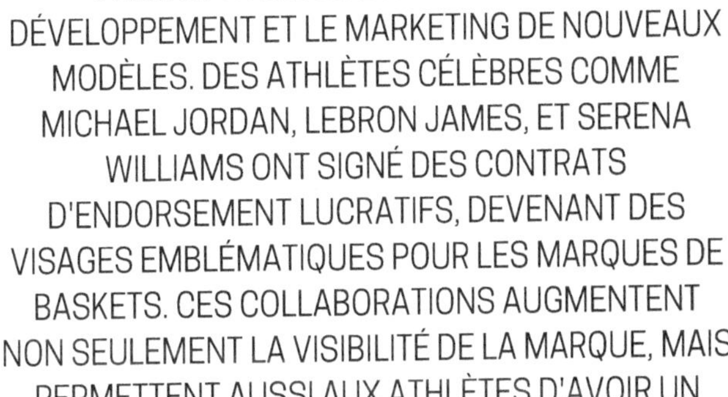

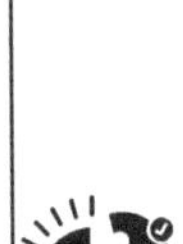
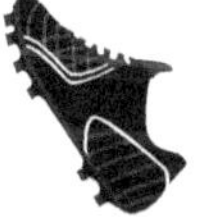

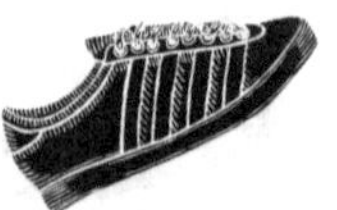

BASKETS SPORTIVES

LES BASKETS SONT SOUVENT CONÇUES SPÉCIFIQUEMENT POUR RÉPONDRE AUX EXIGENCES DE DIFFÉRENTS SPORTS, COMME LE BASKETBALL, LE TENNIS, OU LE FOOTBALL. CHAQUE SPORT A DES BESOINS UNIQUES EN TERMES DE MOUVEMENT, DE SUPPORT, ET DE TRACTION, INFLUENÇANT LA CONCEPTION DES CHAUSSURES. PAR EXEMPLE, LES CHAUSSURES DE BASKETBALL SONT GÉNÉRALEMENT CONÇUES AVEC DES SEMELLES ÉPAISSES POUR UN MEILLEUR AMORTI ET DES TIGES HAUTES POUR SOUTENIR LES CHEVILLES LORS DES SAUTS ET DES MOUVEMENTS RAPIDES. LES CHAUSSURES DE TENNIS, EN REVANCHE, ONT DES SEMELLES CONÇUES POUR UNE MEILLEURE ADHÉRENCE SUR LE COURT ET OFFRENT UNE GRANDE FLEXIBILITÉ POUR LES MOUVEMENTS LATÉRAUX RAPIDES. CHAQUE CONCEPTION VISE À OPTIMISER LA PERFORMANCE ET À RÉDUIRE LE RISQUE DE BLESSURES POUR LES ATHLÈTES, TOUT EN ASSURANT CONFORT ET DURABILITÉ.

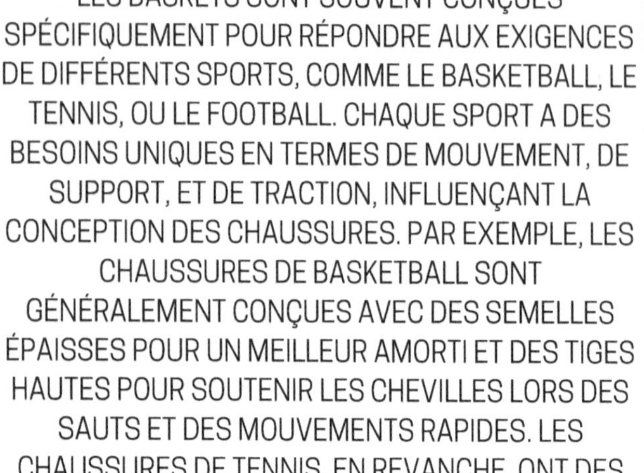

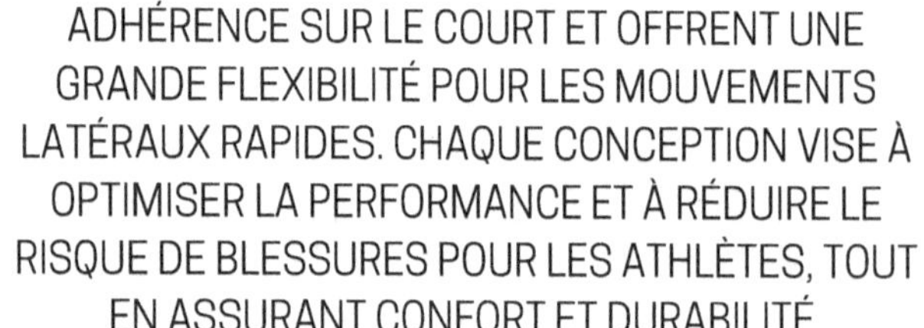

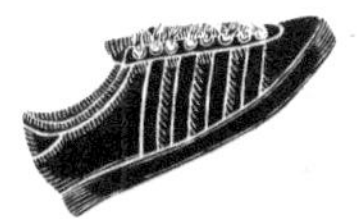

ART BASKETS

LES BASKETS SONT DEVENUES UNE TOILE DE CHOIX POUR DE NOMBREUX ARTISTES, QUI UTILISENT CES CHAUSSURES COMME UN MOYEN D'EXPRIMER LEUR CRÉATIVITÉ ET LEUR STYLE UNIQUE. CETTE TENDANCE A VU DES ARTISTES PEINDRE, DESSINER, OU MODIFIER DES BASKETS POUR CRÉER DES ŒUVRES D'ART PERSONNALISÉES ET SOUVENT PORTABLES. CES CRÉATIONS VONT DE PEINTURES DÉTAILLÉES À DES MODIFICATIONS STRUCTURALES, CHAQUE PAIRE REFLÉTANT LE STYLE ET L'EXPRESSION PERSONNELLE DE L'ARTISTE. CES BASKETS D'ART NE SONT PAS SEULEMENT APPRÉCIÉES POUR LEUR ESTHÉTIQUE, MAIS AUSSI COMME UNE FORME D'EXPRESSION CULTURELLE ET INDIVIDUELLE. CERTAINES DE CES ŒUVRES D'ART ONT ÉTÉ EXPOSÉES DANS DES GALERIES OU DES ÉVÉNEMENTS DÉDIÉS À L'ART DE LA SNEAKER, ET DES PAIRES PERSONNALISÉES PAR DES ARTISTES CÉLÈBRES PEUVENT SE VENDRE À DES PRIX ÉLEVÉS.

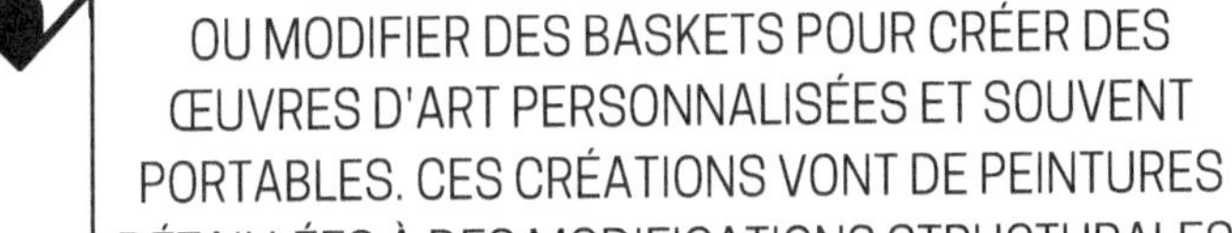
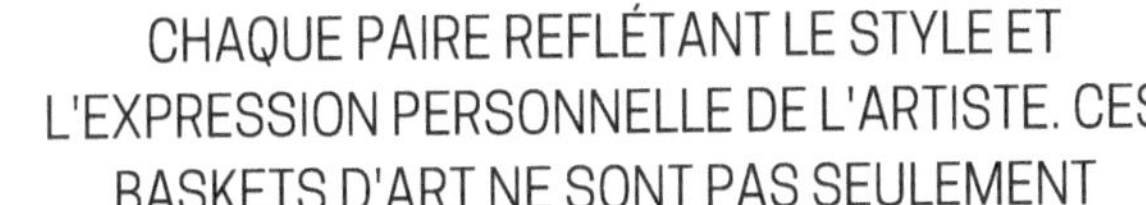

TALONS HAUTS

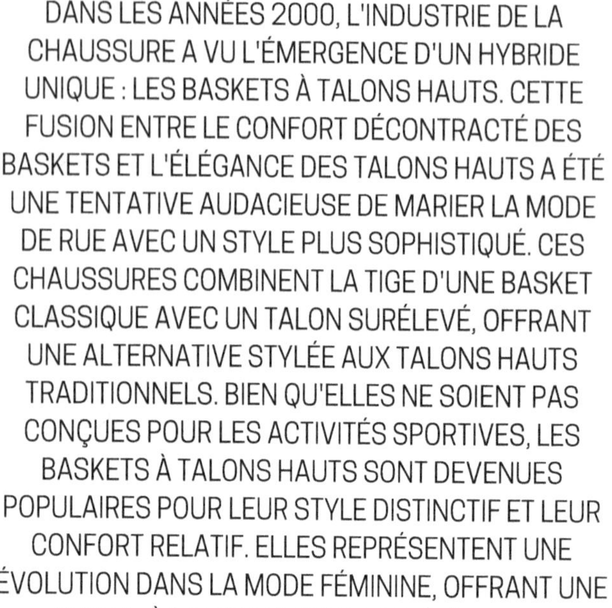

DANS LES ANNÉES 2000, L'INDUSTRIE DE LA CHAUSSURE A VU L'ÉMERGENCE D'UN HYBRIDE UNIQUE : LES BASKETS À TALONS HAUTS. CETTE FUSION ENTRE LE CONFORT DÉCONTRACTÉ DES BASKETS ET L'ÉLÉGANCE DES TALONS HAUTS A ÉTÉ UNE TENTATIVE AUDACIEUSE DE MARIER LA MODE DE RUE AVEC UN STYLE PLUS SOPHISTIQUÉ. CES CHAUSSURES COMBINENT LA TIGE D'UNE BASKET CLASSIQUE AVEC UN TALON SURÉLEVÉ, OFFRANT UNE ALTERNATIVE STYLÉE AUX TALONS HAUTS TRADITIONNELS. BIEN QU'ELLES NE SOIENT PAS CONÇUES POUR LES ACTIVITÉS SPORTIVES, LES BASKETS À TALONS HAUTS SONT DEVENUES POPULAIRES POUR LEUR STYLE DISTINCTIF ET LEUR CONFORT RELATIF. ELLES REPRÉSENTENT UNE ÉVOLUTION DANS LA MODE FÉMININE, OFFRANT UNE OPTION À LA FOIS SPORTIVE ET ÉLÉGANTE.

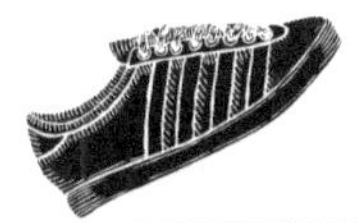

39

CONFORT MOUSSE

L'INTRODUCTION DE SEMELLES INTERMÉDIAIRES EN MOUSSE A RÉVOLUTIONNÉ LE CONFORT DES BASKETS. CES SEMELLES, FABRIQUÉES À PARTIR DE DIVERSES MOUSSES COMME L'EVA (ÉTHYLÈNE-ACÉTATE DE VINYLE) OU DES MOUSSES PROPRIÉTAIRES COMME L'ADIDAS BOOST OU LA NIKE REACT, OFFRENT UN AMORTI SUPÉRIEUR ET UNE MEILLEURE RÉACTIVITÉ. LA CLÉ DE LEUR SUCCÈS RÉSIDE DANS LEUR CAPACITÉ À COMBINER LÉGÈRETÉ, DURABILITÉ ET ABSORPTION DES CHOCS, AMÉLIORANT AINSI L'EXPÉRIENCE DE MARCHE OU DE COURSE. CES TECHNOLOGIES DE MOUSSE ONT TRANSFORMÉ LA FAÇON DONT LES BASKETS SONT CONÇUES, EN PRIVILÉGIANT NON SEULEMENT LA PERFORMANCE SPORTIVE, MAIS AUSSI LE CONFORT QUOTIDIEN. LES CONSOMMATEURS BÉNÉFICIENT DE CETTE INNOVATION, EN TROUVANT UN ÉQUILIBRE ENTRE SUPPORT ET CONFORT, QUE CE SOIT DANS LE CADRE D'ACTIVITÉS SPORTIVES OU POUR UN USAGE QUOTIDIEN.

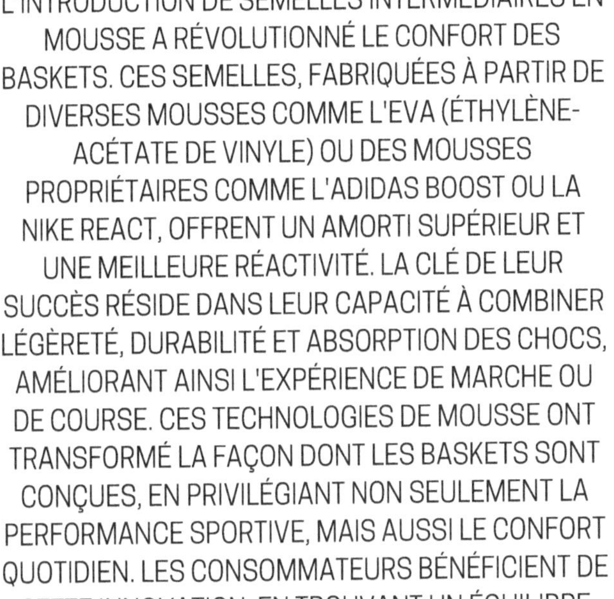

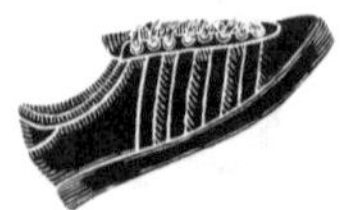

40

PREMIÈRE BASKET

LA PREMIÈRE CHAUSSURE DE BASKET-BALL A ÉTÉ INTRODUITE PAR LA SOCIÉTÉ SPALDING EN 1907, MARQUANT UN TOURNANT DANS L'ÉQUIPEMENT SPORTIF POUR CE SPORT NAISSANT. À CETTE ÉPOQUE, LE BASKET-BALL, INVENTÉ PAR JAMES NAISMITH EN 1891, COMMENÇAIT À GAGNER EN POPULARITÉ, MAIS LES JOUEURS UTILISAIENT DES CHAUSSURES INADAPTÉES, SOUVENT DES BOTTINES EN CUIR RIGIDE. LA CHAUSSURE DE BASKET-BALL DE SPALDING, CONÇUE SPÉCIFIQUEMENT POUR CE SPORT, OFFRAIT UNE MEILLEURE ADHÉRENCE, UN SUPPORT SUPPLÉMENTAIRE À LA CHEVILLE ET UNE PLUS GRANDE FLEXIBILITÉ, AMÉLIORANT AINSI LES PERFORMANCES DES JOUEURS. CETTE INNOVATION A NON SEULEMENT EU UN IMPACT SIGNIFICATIF SUR LE JEU LUI-MÊME, MAIS A ÉGALEMENT JETÉ LES BASES DE L'ÉVOLUTION FUTURE DES CHAUSSURES DE BASKET-BALL, ORIENTÉE VERS L'AMÉLIORATION DE LA SÉCURITÉ ET DE LA PERFORMANCE DES ATHLÈTES.

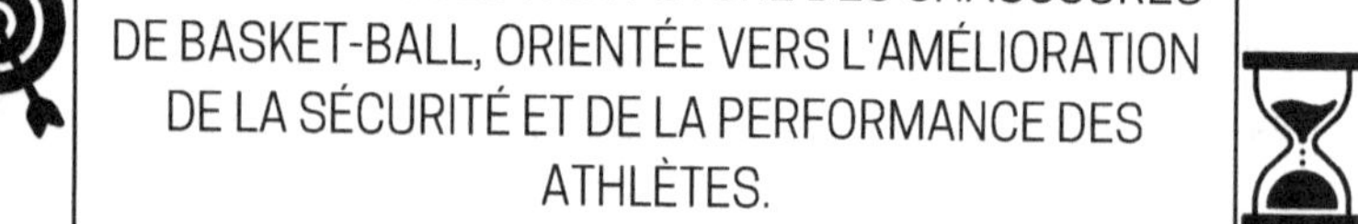

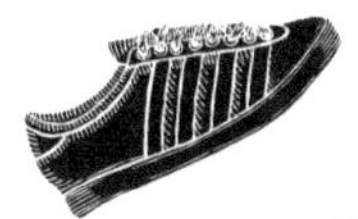

41

BASKETS RÉFLÉCHISSANTES

LES BASKETS RÉFLÉCHISSANTES SONT DEVENUES UN CHOIX POPULAIRE POUR LES COUREURS NOCTURNES, ALLIANT FONCTIONNALITÉ ET SÉCURITÉ. CES CHAUSSURES INTÈGRENT DES MATÉRIAUX RÉFLÉCHISSANTS QUI BRILLENT DANS L'OBSCURITÉ, AUGMENTANT LA VISIBILITÉ DU COUREUR DANS DES CONDITIONS DE FAIBLE LUMINOSITÉ. CETTE CARACTÉRISTIQUE EST ESSENTIELLE POUR LA SÉCURITÉ, EN PARTICULIER POUR CEUX QUI COURENT TÔT LE MATIN OU TARD LE SOIR. EN PLUS DE LEUR ASPECT PRATIQUE, CES BASKETS OFFRENT SOUVENT LES MÊMES AVANTAGES EN TERMES DE PERFORMANCE, DE CONFORT ET DE SOUTIEN QUE LES AUTRES CHAUSSURES DE COURSE. LEUR DESIGN ATTRAYANT ET LEUR FONCTIONNALITÉ DE SÉCURITÉ LES RENDENT ÉGALEMENT POPULAIRES AUPRÈS DES COUREURS URBAINS QUI CHERCHENT À ALLIER STYLE ET FONCTIONNALITÉ.

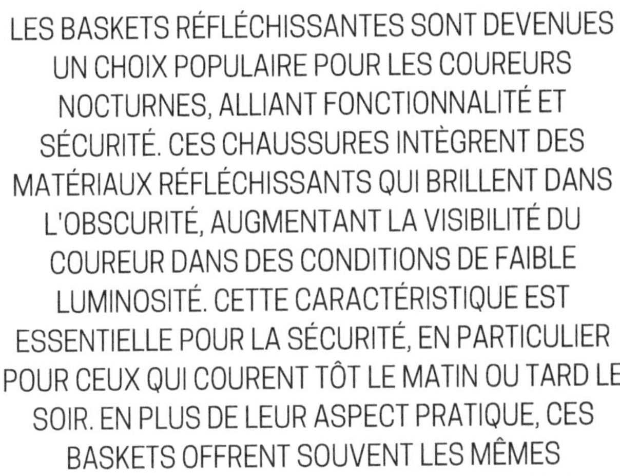

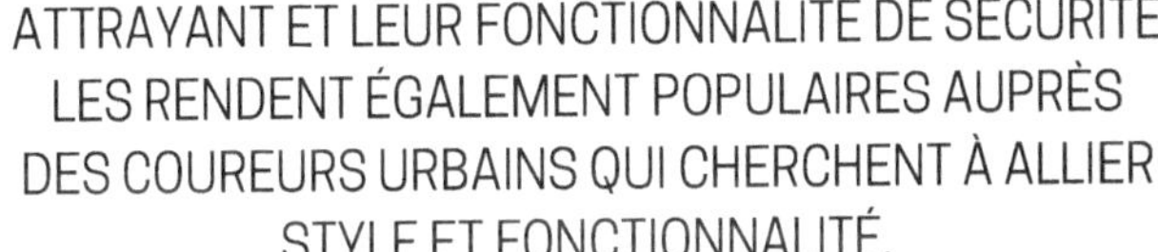

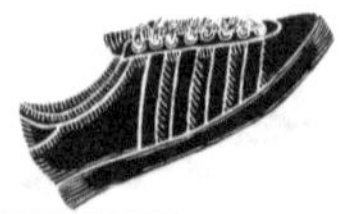

42

TECHNOLOGIES ANTIBACTÉRIENNES

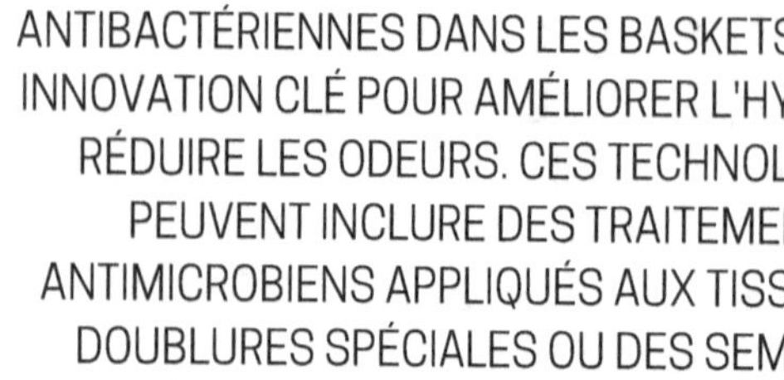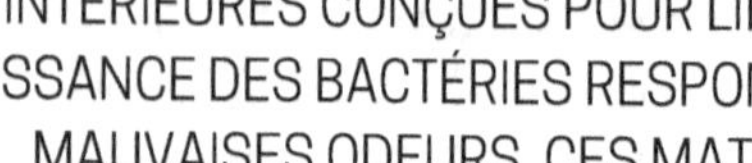

L'INTÉGRATION DE TECHNOLOGIES ANTIBACTÉRIENNES DANS LES BASKETS EST UNE INNOVATION CLÉ POUR AMÉLIORER L'HYGIÈNE ET RÉDUIRE LES ODEURS. CES TECHNOLOGIES PEUVENT INCLURE DES TRAITEMENTS ANTIMICROBIENS APPLIQUÉS AUX TISSUS, DES DOUBLURES SPÉCIALES OU DES SEMELLES INTÉRIEURES CONÇUES POUR LIMITER LA CROISSANCE DES BACTÉRIES RESPONSABLES DES MAUVAISES ODEURS. CES MATÉRIAUX ANTIBACTÉRIENS AIDENT À MAINTENIR LES PIEDS PLUS FRAIS ET PLUS SECS, EN RÉDUISANT L'HUMIDITÉ ET EN PRÉVENANT LA FORMATION D'ODEURS DÉSAGRÉABLES. CETTE FONCTIONNALITÉ EST PARTICULIÈREMENT APPRÉCIÉE DANS LES CHAUSSURES DE SPORT ET D'ENTRAÎNEMENT, OÙ LA TRANSPIRATION ET L'HUMIDITÉ SONT COURANTES. EN PLUS DE L'AVANTAGE OLFACTIF, CES TECHNOLOGIES CONTRIBUENT ÉGALEMENT À LA SANTÉ GÉNÉRALE DES PIEDS, EN RÉDUISANT LE RISQUE D'INFECTIONS FONGIQUES ET BACTÉRIENNES.

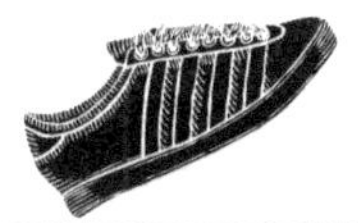

43

INSPIRATION CINÉMATOGRAPHIQUE

L'INDUSTRIE DES BASKETS S'EST SOUVENT TOURNÉE VERS LA CULTURE POPULAIRE, S'INSPIRANT DE FILMS ET DE SÉRIES TV POUR CRÉER DES MODÈLES UNIQUES. CES CHAUSSURES CAPTURENT L'ESSENCE DE DIVERSES ŒUVRES CINÉMATOGRAPHIQUES OU TÉLÉVISUELLES, SOUVENT À TRAVERS DES DESIGNS SPÉCIAUX, DES COLORIS THÉMATIQUES OU DES DÉTAILS EMBLÉMATIQUES. DES EXEMPLES NOTABLES INCLUENT LES BASKETS INSPIRÉES PAR DES FRANCHISES COMME "STAR WARS", "BACK TO THE FUTURE" ET DIVERS SUPER-HÉROS DE BANDES DESSINÉES. CES COLLABORATIONS OFFRENT AUX FANS UNE MANIÈRE DE CÉLÉBRER LEURS FILMS OU SÉRIES PRÉFÉRÉS, TOUT EN AJOUTANT UNE TOUCHE DE FANTAISIE ET D'ORIGINALITÉ À LEUR GARDE-ROBE. CES ÉDITIONS LIMITÉES DEVIENNENT SOUVENT DES OBJETS DE COLLECTION, CONVOITÉS NON SEULEMENT POUR LEUR VALEUR PRATIQUE, MAIS AUSSI POUR LEUR SIGNIFICATION CULTURELLE.

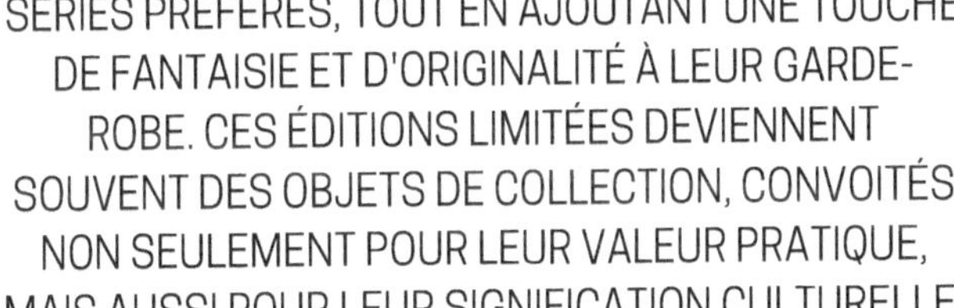

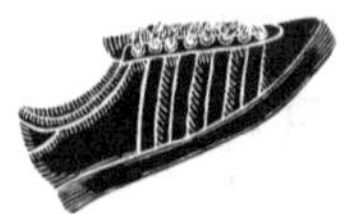

CULTURE SNEAKERS

LA CULTURE DES SNEAKERS, AVEC SA COMMUNAUTÉ DÉVOUÉE ET SON INFLUENCE CULTURELLE, A DONNÉ NAISSANCE À SES PROPRES EXPOSITIONS, CONFÉRENCES ET ÉVÉNEMENTS. CES RASSEMBLEMENTS SERVENT DE PLATEFORMES POUR LES PASSIONNÉS DE BASKETS, LES COLLECTIONNEURS, LES DESIGNERS ET LES MARQUES POUR PARTAGER LEUR AMOUR POUR LES SNEAKERS, EXPLORER LES DERNIÈRES TENDANCES ET INNOVATIONS, ET CÉLÉBRER L'HISTOIRE ET L'IMPACT CULTUREL DES CHAUSSURES DE SPORT. DES ÉVÉNEMENTS COMME SNEAKER CON OU LES EXPOSITIONS DANS DES MUSÉES DÉDIÉS À LA MODE ET AU DESIGN PRÉSENTENT UNE VARIÉTÉ DE MODÈLES, DES CLASSIQUES VINTAGE AUX DERNIÈRES CRÉATIONS AVANT-GARDISTES. CES ÉVÉNEMENTS OFFRENT ÉGALEMENT L'OPPORTUNITÉ D'ACHETER, DE VENDRE OU D'ÉCHANGER DES BASKETS RARES, ET SERVENT DE LIEU DE RENCONTRE POUR LA COMMUNAUTÉ MONDIALE DES AMATEURS DE SNEAKERS.

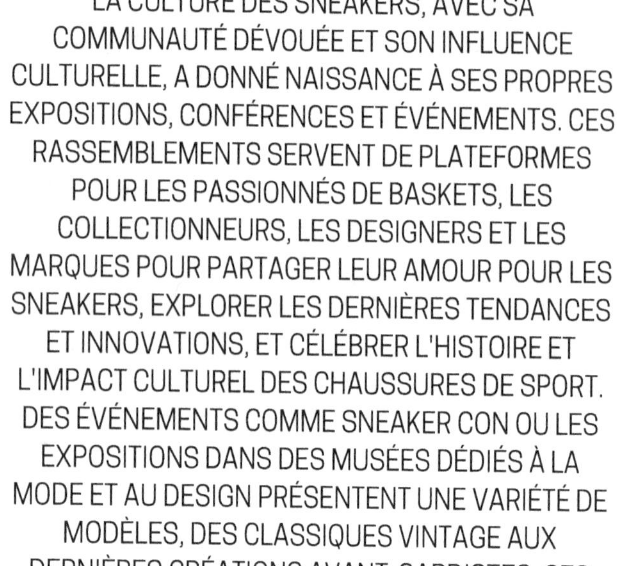

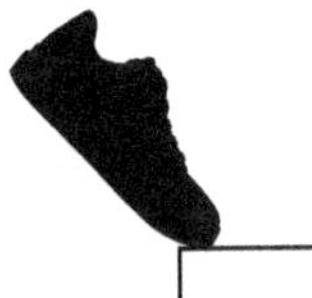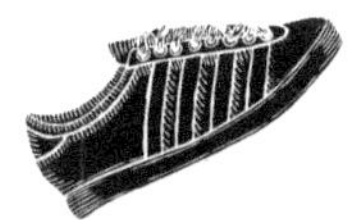

45

SOUTIEN CHEVILLE

LES BASKETS MONTANTES, CARACTÉRISÉES PAR LEUR TIGE QUI S'ÉTEND AU-DESSUS DE LA CHEVILLE, ONT ÉTÉ CONÇUES INITIALEMENT POUR OFFRIR UN SOUTIEN SUPPLÉMENTAIRE À LA CHEVILLE, EN PARTICULIER DANS LES SPORTS COMME LE BASKETBALL. CETTE CONCEPTION AIDE À STABILISER LA CHEVILLE, RÉDUISANT AINSI LE RISQUE DE TORSIONS OU DE BLESSURES LORS DE MOUVEMENTS RAPIDES, DE SAUTS OU DE CHANGEMENTS DE DIRECTION. AU-DELÀ DE LEUR FONCTIONNALITÉ SPORTIVE, LES BASKETS MONTANTES SONT DEVENUES POPULAIRES DANS LA MODE DE RUE, APPRÉCIÉES POUR LEUR STYLE DISTINCTIF ET LEUR CAPACITÉ À SE MARIER AVEC DIVERSES TENUES. BIEN QU'ELLES SOIENT TOUJOURS UN CHOIX PRIVILÉGIÉ POUR LES ATHLÈTES, LES BASKETS MONTANTES SONT AUJOURD'HUI PORTÉES PAR UNE LARGE GAMME DE PERSONNES, ALLIANT MODE ET FONCTIONNALITÉ.

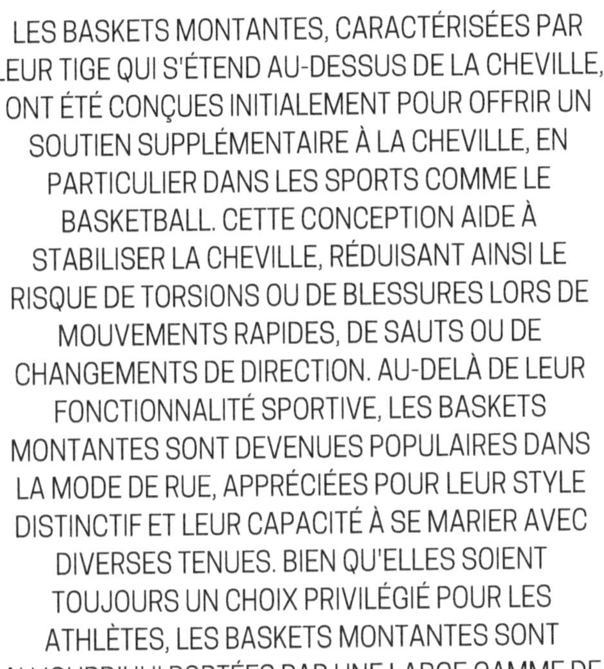

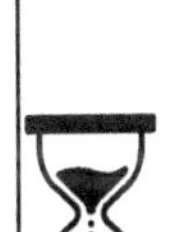

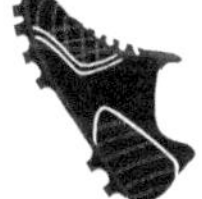

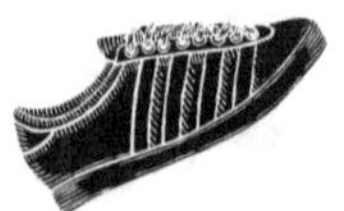

46

RESPIRABILITÉ MAILLE

L'UTILISATION DE LA MAILLE DANS LA FABRICATION DES BASKETS EST DEVENUE POPULAIRE EN RAISON DE SA RESPIRABILITÉ SUPÉRIEURE. CE MATÉRIAU LÉGER ET AÉRÉ PERMET UNE MEILLEURE CIRCULATION DE L'AIR À L'INTÉRIEUR DE LA CHAUSSURE, RÉDUISANT AINSI LA CHALEUR ET L'ACCUMULATION D'HUMIDITÉ. LA MAILLE EST PARTICULIÈREMENT APPRÉCIÉE DANS LES CHAUSSURES DE SPORT ET DE COURSE, OÙ LA RÉGULATION DE LA TEMPÉRATURE ET LE CONFORT SONT ESSENTIELS POUR LA PERFORMANCE ET LE BIEN-ÊTRE DU PIED. DE PLUS, LA MAILLE OFFRE UNE CERTAINE FLEXIBILITÉ, S'ADAPTANT À LA FORME DU PIED POUR UN AJUSTEMENT CONFORTABLE. AVEC DES DESIGNS INNOVANTS ET DES COMBINAISONS DE MATÉRIAUX, LES BASKETS EN MAILLE RÉPONDENT À LA FOIS AUX BESOINS FONCTIONNELS DES ATHLÈTES ET AUX PRÉFÉRENCES ESTHÉTIQUES DES CONSOMMATEURS.

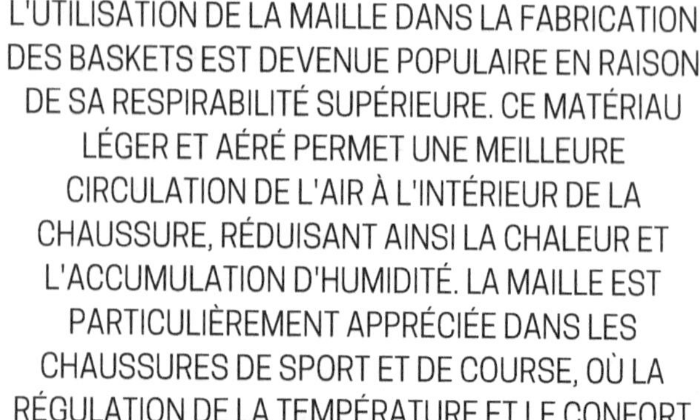

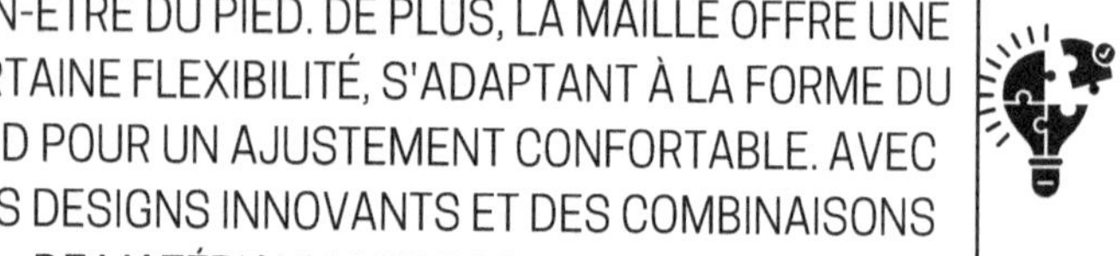
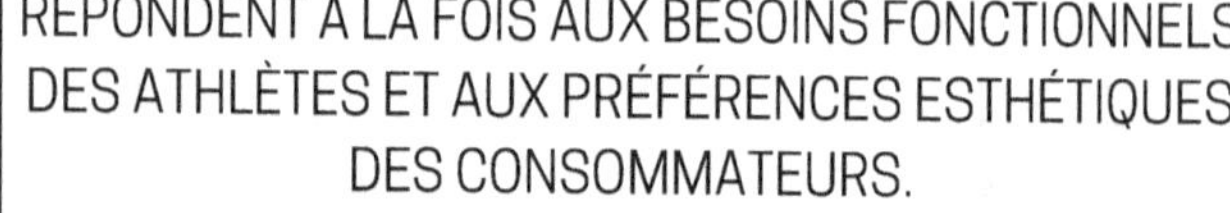

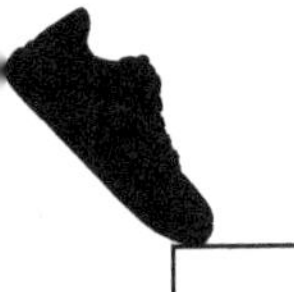

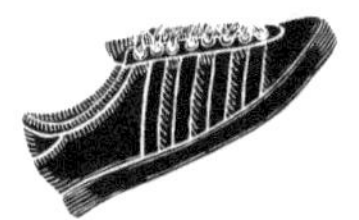

47

SEMELLES ORTHOPÉDIQUES

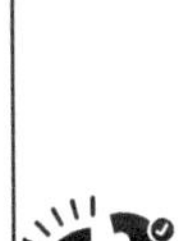

LA DEMANDE POUR LES SEMELLES ORTHOPÉDIQUES PERSONNALISÉES EST EN AUGMENTATION, CAR DE PLUS EN PLUS DE PERSONNES RECONNAISSENT L'IMPORTANCE D'UN SOUTIEN ADÉQUAT DU PIED POUR LE CONFORT GÉNÉRAL ET LA SANTÉ. CES SEMELLES SONT CONÇUES SUR MESURE POUR S'ADAPTER À LA FORME UNIQUE DU PIED DE CHAQUE INDIVIDU, OFFRANT UN SOUTIEN CIBLÉ LÀ OÙ IL EST LE PLUS NÉCESSAIRE. ELLES PEUVENT AIDER À CORRIGER LES DÉSALIGNEMENTS, À RÉDUIRE LA DOULEUR DANS LES PIEDS, LES CHEVILLES, LES GENOUX ET LE DOS, ET À AMÉLIORER LA POSTURE. LES SEMELLES ORTHOPÉDIQUES PERSONNALISÉES SONT PARTICULIÈREMENT BÉNÉFIQUES POUR LES PERSONNES SOUFFRANT DE CONDITIONS SPÉCIFIQUES COMME LES PIEDS PLATS, LES FASCIITES PLANTAIRES OU LES DIFFÉRENCES DE LONGUEUR DE JAMBE. AVEC L'AVANCÉE DE LA TECHNOLOGIE DE NUMÉRISATION ET DE MODÉLISATION 3D, IL EST DEVENU PLUS FACILE ET PLUS ABORDABLE D'OBTENIR DES SEMELLES PERSONNALISÉES ADAPTÉES AUX BESOINS INDIVIDUELS.

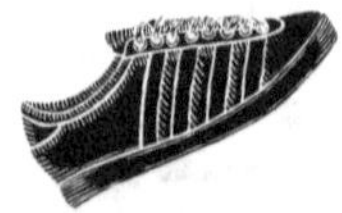

48

BASKETS CARITATIVES

CERTAINES ÉDITIONS DE BASKETS SONT CRÉÉES SPÉCIFIQUEMENT POUR SOUTENIR DES ŒUVRES CARITATIVES, OÙ UNE PARTIE OU LA TOTALITÉ DES RECETTES DE LA VENTE EST DESTINÉE À DES CAUSES SOCIALES OU HUMANITAIRES. CES INITIATIVES PERMETTENT AUX MARQUES DE CONTRIBUER À DES CAUSES IMPORTANTES TOUT EN ENGAGEANT LEUR COMMUNAUTÉ DE CLIENTS DANS DES EFFORTS PHILANTHROPIQUES. LES BASKETS CARITATIVES SONT SOUVENT CONÇUES AVEC DES THÈMES OU DES LOGOS SPÉCIAUX POUR REFLÉTER LA CAUSE SOUTENUE, RENDANT CES CHAUSSURES NON SEULEMENT DES ARTICLES DE MODE, MAIS AUSSI DES SYMBOLES DE SOLIDARITÉ ET DE CONSCIENCE SOCIALE. CES ÉDITIONS LIMITÉES SONT GÉNÉRALEMENT TRÈS RECHERCHÉES NON SEULEMENT POUR LEUR EXCLUSIVITÉ, MAIS AUSSI POUR LA POSSIBILITÉ QU'ELLES OFFRENT AUX CONSOMMATEURS DE CONTRIBUER À DES CAUSES SIGNIFICATIVES TOUT EN ACQUÉRANT UN PRODUIT UNIQUE.

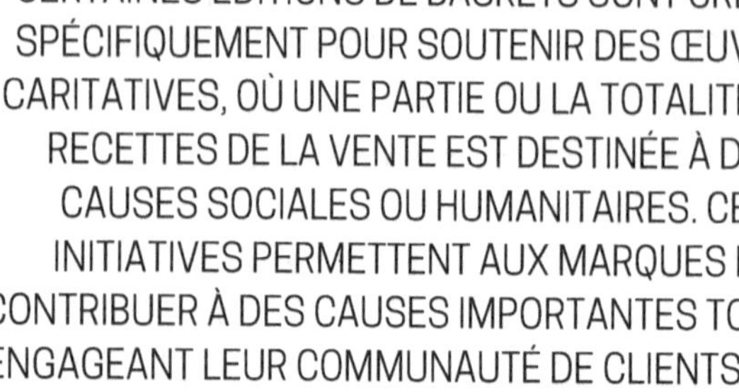

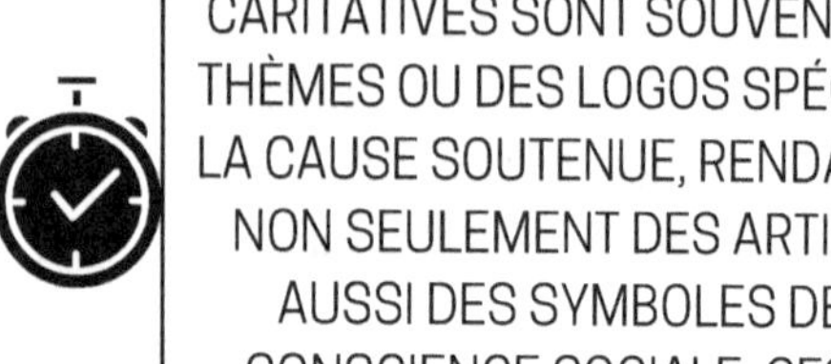
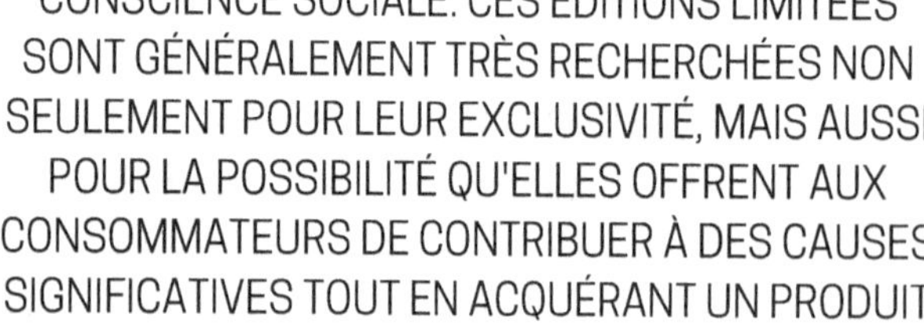

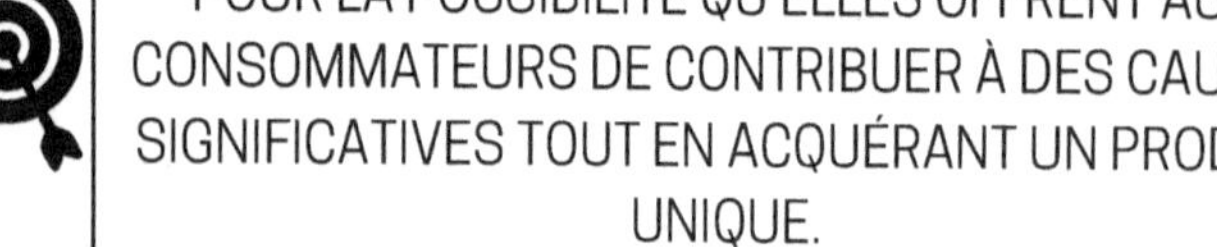

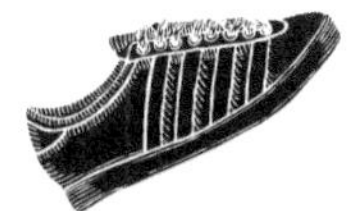

49

COURSE BROOKS

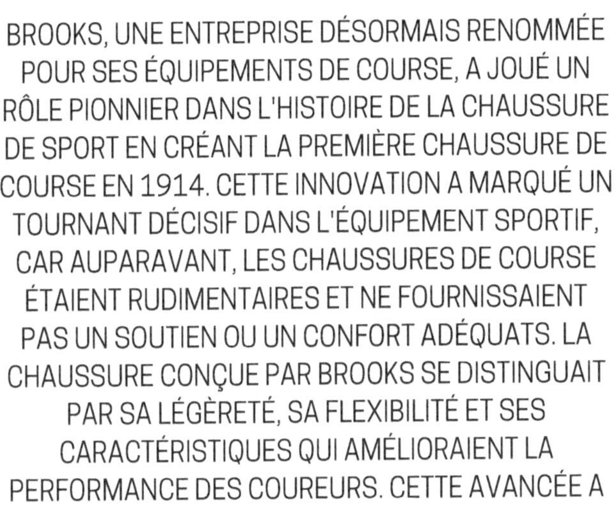

BROOKS, UNE ENTREPRISE DÉSORMAIS RENOMMÉE POUR SES ÉQUIPEMENTS DE COURSE, A JOUÉ UN RÔLE PIONNIER DANS L'HISTOIRE DE LA CHAUSSURE DE SPORT EN CRÉANT LA PREMIÈRE CHAUSSURE DE COURSE EN 1914. CETTE INNOVATION A MARQUÉ UN TOURNANT DÉCISIF DANS L'ÉQUIPEMENT SPORTIF, CAR AUPARAVANT, LES CHAUSSURES DE COURSE ÉTAIENT RUDIMENTAIRES ET NE FOURNISSAIENT PAS UN SOUTIEN OU UN CONFORT ADÉQUATS. LA CHAUSSURE CONÇUE PAR BROOKS SE DISTINGUAIT PAR SA LÉGÈRETÉ, SA FLEXIBILITÉ ET SES CARACTÉRISTIQUES QUI AMÉLIORAIENT LA PERFORMANCE DES COUREURS. CETTE AVANCÉE A NON SEULEMENT AMÉLIORÉ LA PERFORMANCE DES ATHLÈTES, MAIS A ÉGALEMENT POSÉ LES BASES DES DÉVELOPPEMENTS FUTURS DANS LA CONCEPTION DE CHAUSSURES DE COURSE, ORIENTANT L'INDUSTRIE VERS UNE MEILLEURE COMPRÉHENSION DE L'IMPORTANCE DE CHAUSSURES ADAPTÉES À DES ACTIVITÉS SPÉCIFIQUES.

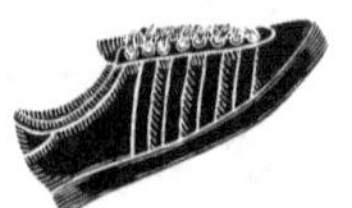

50

INTERDICTION SCOLAIRE

AU FIL DES ANNÉES, LES BASKETS ONT PARFOIS ÉTÉ AU CENTRE DE CONTROVERSES DANS CERTAINS ÉTABLISSEMENTS SCOLAIRES, CONDUISANT À LEUR INTERDICTION. CES INTERDICTIONS ÉTAIENT SOUVENT JUSTIFIÉES PAR DES PRÉOCCUPATIONS CONCERNANT LA DISCIPLINE, L'UNIFORMITÉ OU LA SÉCURITÉ. DANS CERTAINS CAS, LES ÉCOLES ONT INTERDIT DES BASKETS SPÉCIFIQUES POUR ÉVITER DES TENSIONS OU DES PROBLÈMES LIÉS À LA MODE ET AU STATUT SOCIAL, NOTAMMENT LORSQUE CERTAINS ÉLÈVES PORTAIENT DES CHAUSSURES DE MARQUE COÛTEUSES. CES POLITIQUES VISAIENT À PROMOUVOIR UN ENVIRONNEMENT D'APPRENTISSAGE PLUS ÉGALITAIRE ET MOINS SUJET AUX PRESSIONS SOCIALES LIÉES À LA MODE. TOUTEFOIS, CES INTERDICTIONS ONT ÉGALEMENT SUSCITÉ DES DÉBATS SUR LA LIBERTÉ D'EXPRESSION DES ÉTUDIANTS ET LA DIVERSITÉ CULTURELLE.

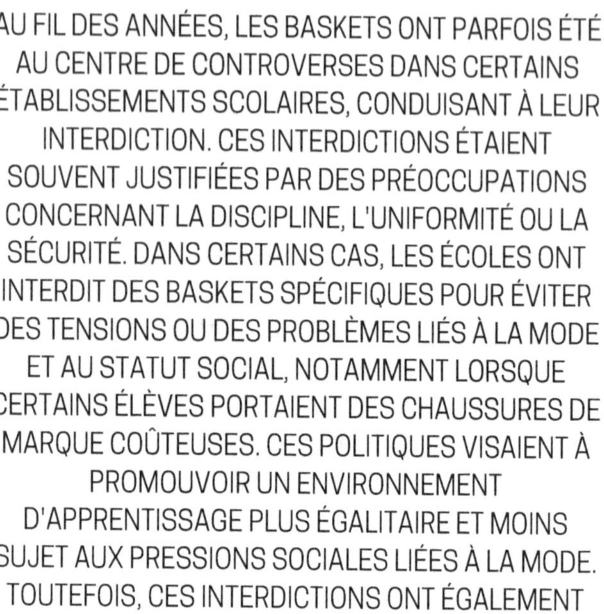

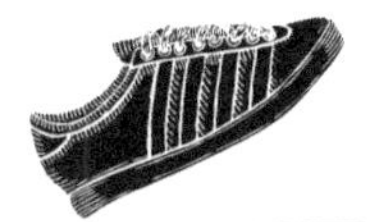

51

SEMELLES GEL

L'UTILISATION DE GEL DANS LES SEMELLES DES BASKETS EST UNE INNOVATION QUI A TRANSFORMÉ LA MANIÈRE DONT L'AMORTI EST ABORDÉ DANS LES CHAUSSURES DE SPORT. LES SEMELLES EN GEL, INTRODUITES ET POPULARISÉES PAR DES MARQUES COMME ASICS, OFFRENT UN AMORTI SUPÉRIEUR EN ABSORBANT EFFICACEMENT LES CHOCS ET EN RÉDUISANT L'IMPACT SUR LES PIEDS ET LES ARTICULATIONS. CETTE TECHNOLOGIE EST PARTICULIÈREMENT BÉNÉFIQUE POUR LES COUREURS ET LES ATHLÈTES QUI EXERCENT UNE PRESSION IMPORTANTE SUR LEURS PIEDS. LE GEL, PLACÉ STRATÉGIQUEMENT DANS LA SEMELLE INTERMÉDIAIRE, S'ADAPTE AU POIDS ET AU MOUVEMENT DU PIED, FOURNISSANT UN CONFORT PERSONNALISÉ ET UN SOUTIEN ADAPTÉ. EN PLUS D'AMÉLIORER LES PERFORMANCES SPORTIVES, LES SEMELLES EN GEL CONTRIBUENT ÉGALEMENT À PRÉVENIR LES BLESSURES ET SONT DEVENUES UN ÉLÉMENT CLÉ DANS LA CONCEPTION DE CHAUSSURES AXÉES SUR LA SANTÉ ET LE BIEN-ÊTRE.

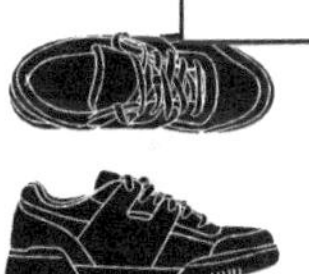

52

ENCHÈRES RARES

LE MARCHÉ DES BASKETS RARES ET DE COLLECTION A EXPLOSÉ, AVEC DES VENTES AUX ENCHÈRES ATTEIGNANT SOUVENT DES MONTANTS ASTRONOMIQUES. DES BASKETS SPÉCIALES, TELLES QUE DES ÉDITIONS LIMITÉES, DES PROTOTYPES, OU DES CHAUSSURES PORTÉES PAR DES CÉLÉBRITÉS SPORTIVES OU CULTURELLES, SONT PARTICULIÈREMENT PRISÉES. LES COLLECTIONNEURS ET LES PASSIONNÉS SONT PRÊTS À DÉPENSER DES SOMMES CONSIDÉRABLES POUR ACQUÉRIR CES PIÈCES UNIQUES. CES ENCHÈRES RÉVÈLENT LA VALEUR CULTURELLE ET HISTORIQUE QUE CERTAINES BASKETS PEUVENT REPRÉSENTER, ALLANT BIEN AU-DELÀ DE LEUR FONCTION INITIALE COMME CHAUSSURES DE SPORT. DES EXEMPLES NOTABLES INCLUENT DES MODÈLES DE AIR JORDANS PORTÉS PAR MICHAEL JORDAN LUI-MÊME OU DES COLLABORATIONS RARES ENTRE MARQUES DE SPORT ET DESIGNERS DE RENOM.

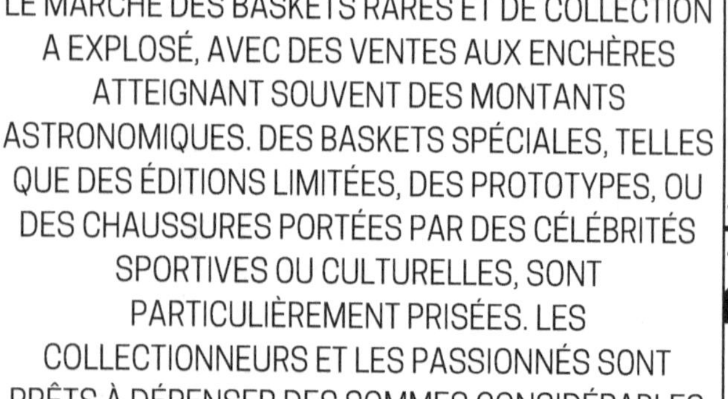

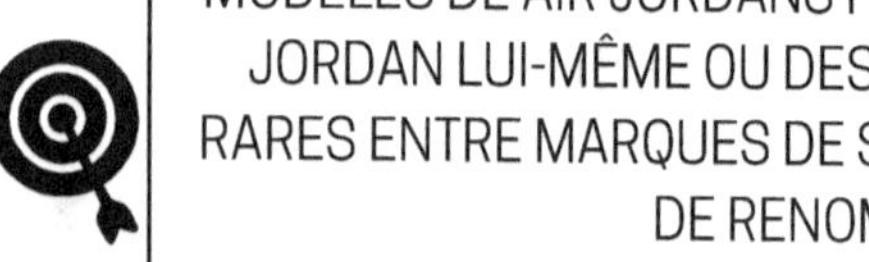

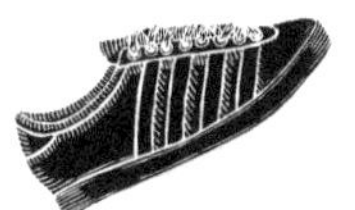

53

BASKETS POLITIQUES

LES BASKETS ONT PARFOIS JOUÉ UN RÔLE SYMBOLIQUE DANS LES CAMPAGNES POLITIQUES, UTILISÉES PAR DES CANDIDATS ET DES SYMPATHISANTS COMME UN MOYEN D'EXPRIMER DES VALEURS OU DE SE CONNECTER AVEC UN ÉLECTORAT PARTICULIER. ELLES PEUVENT ÊTRE UN SYMBOLE DE JEUNESSE, D'ACTIVISME, OU DE SOUTIEN À DES CAUSES SPÉCIFIQUES. PAR EXEMPLE, DES CANDIDATS POLITIQUES ONT ÉTÉ VUS PORTANT DES BASKETS LORS DE CAMPAGNES ÉLECTORALES POUR PROJETER UNE IMAGE PLUS DÉCONTRACTÉE ET ACCESSIBLE. DANS CERTAINS CAS, DES BASKETS SPÉCIALES ONT ÉTÉ PRODUITES POUR MONTRER L'ALIGNEMENT AVEC DES IDÉAUX OU DES MOUVEMENTS POLITIQUES, UTILISANT DES COULEURS, DES LOGOS OU DES SLOGANS SPÉCIFIQUES. CES USAGES SOULIGNENT LA CAPACITÉ DES BASKETS À TRANSCENDER LEUR RÔLE DE SIMPLE OBJET DE MODE POUR DEVENIR DES OUTILS DE COMMUNICATION POLITIQUE.

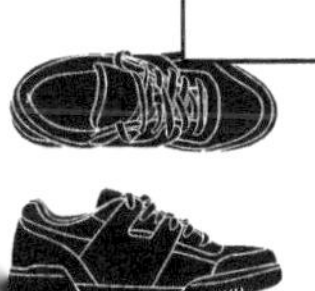

54

STABILISATION CHEVILLE

LES AVANCÉES RÉCENTES DANS LA TECHNOLOGIE DES CHAUSSURES DE SPORT INCLUENT LE DÉVELOPPEMENT DE SYSTÈMES DE STABILISATION DE LA CHEVILLE, CONÇUS POUR PRÉVENIR LES BLESSURES ET AMÉLIORER LE SOUTIEN LORS D'ACTIVITÉS PHYSIQUES. CES TECHNOLOGIES SE CONCENTRENT SUR LE RENFORCEMENT DE LA ZONE AUTOUR DE LA CHEVILLE, OFFRANT UN MEILLEUR SOUTIEN SANS COMPROMETTRE LA FLEXIBILITÉ OU LE CONFORT. ELLES SONT PARTICULIÈREMENT UTILES DANS LES SPORTS OÙ LES MOUVEMENTS RAPIDES ET LES CHANGEMENTS DE DIRECTION SONT FRÉQUENTS, COMME LE BASKETBALL OU LE TENNIS. CES SYSTÈMES PEUVENT INCLURE DES SANGLES, DES MÉCANISMES DE LAÇAGE INNOVANTS, OU DES MATÉRIAUX SPÉCIALEMENT CONÇUS POUR ÉPOUSER ET SOUTENIR LA CHEVILLE. CETTE ÉVOLUTION REPRÉSENTE UNE RÉPONSE AUX BESOINS DES ATHLÈTES POUR DES CHAUSSURES QUI OFFRENT À LA FOIS PERFORMANCE ET PROTECTION.

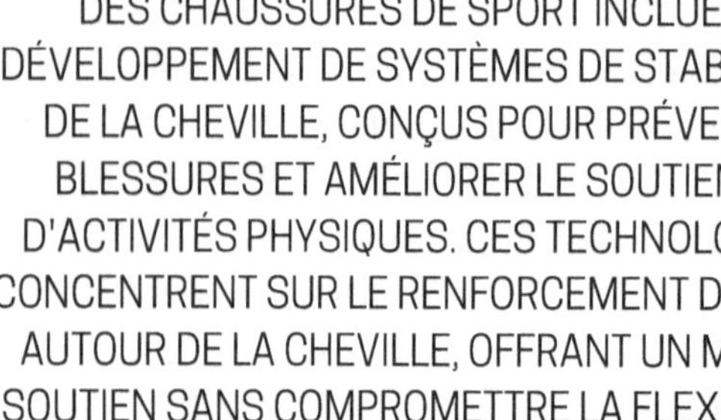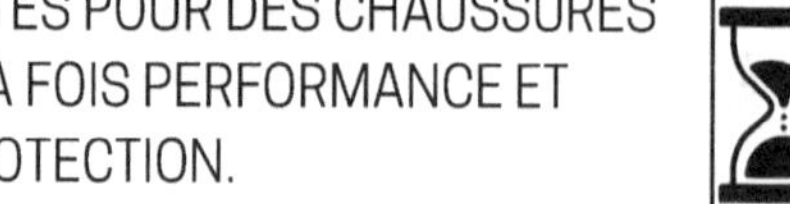

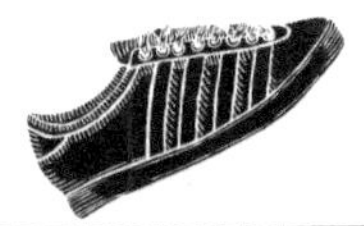

55

IMPACT ENVIRONNEMENTAL

L'INDUSTRIE DES BASKETS A FAIT L'OBJET DE CRITIQUES CONCERNANT SON IMPACT ENVIRONNEMENTAL, PRINCIPALEMENT EN RAISON DE L'UTILISATION DE MATÉRIAUX NON DURABLES ET DE PROCESSUS DE PRODUCTION ÉNERGIVORES. LA FABRICATION DE CHAUSSURES EN MASSE IMPLIQUE SOUVENT DES MATÉRIAUX SYNTHÉTIQUES, DES COLLES ET DES TEINTURES CHIMIQUES, QUI PEUVENT ÊTRE NOCIFS POUR L'ENVIRONNEMENT. DE PLUS, LA DURÉE DE VIE LIMITÉE DE CERTAINES CHAUSSURES ET LA DIFFICULTÉ À RECYCLER LES MATÉRIAUX UTILISÉS CONTRIBUENT À UNE ACCUMULATION DE DÉCHETS. EN RÉPONSE À CES PRÉOCCUPATIONS, DE NOMBREUSES MARQUES SE TOURNENT VERS DES MATÉRIAUX RECYCLÉS OU BIOLOGIQUES ET ADOPTENT DES PRATIQUES DE PRODUCTION PLUS ÉCOLOGIQUES. CETTE PRISE DE CONSCIENCE ENVIRONNEMENTALE VISE À RÉDUIRE L'EMPREINTE CARBONE DE L'INDUSTRIE ET À PROMOUVOIR UNE CONSOMMATION DE CHAUSSURES PLUS RESPONSABLE ET DURABLE.

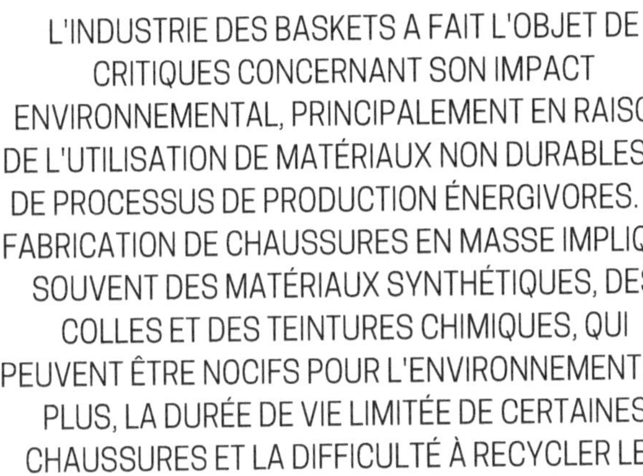

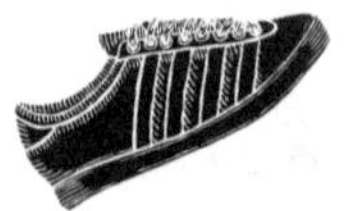

56

LUXE BASKETS

LES MARQUES DE LUXE ONT RECONNU L'ATTRAIT CROISSANT DES BASKETS ET ONT COMMENCÉ À INTRODUIRE LEURS PROPRES VERSIONS HAUT DE GAMME. CES CHAUSSURES COMBINENT L'ESTHÉTIQUE ET LA QUALITÉ ARTISANALES DES MARQUES DE LUXE AVEC LE CONFORT ET LE STYLE DÉCONTRACTÉ DES BASKETS. FABRIQUÉES AVEC DES MATÉRIAUX DE PREMIÈRE QUALITÉ ET SOUVENT ORNÉES DE DÉTAILS DISTINCTIFS, CES BASKETS DE LUXE OFFRENT UNE FUSION DU SPORTSWEAR ET DE LA HAUTE COUTURE. ELLES SONT DEVENUES UN ÉLÉMENT INCONTOURNABLE DANS LA MODE CONTEMPORAINE, REPRÉSENTANT UN MÉLANGE DE STATUT, DE STYLE ET DE CONFORT. CETTE TENDANCE A ÉGALEMENT OUVERT UN NOUVEAU MARCHÉ POUR LES MARQUES DE LUXE, LEUR PERMETTANT DE TOUCHER UN PUBLIC PLUS LARGE ET DE RÉPONDRE À L'ÉVOLUTION DES GOÛTS DE LA MODE.

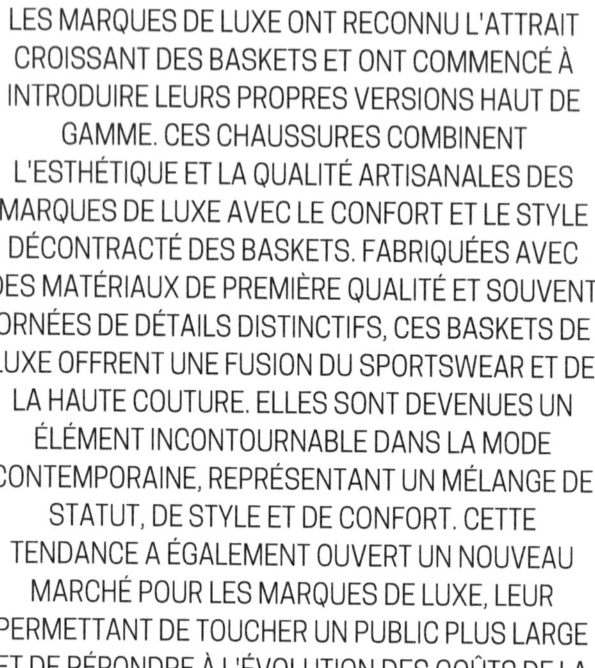

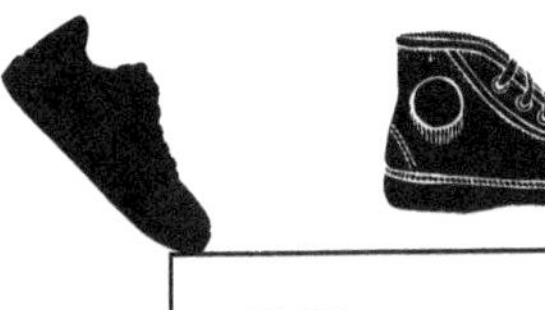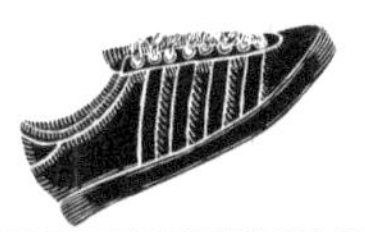

57

AUTO-NETTOYAGE

L'INNOVATION DANS LE DOMAINE DES CHAUSSURES DE SPORT INCLUT LE DÉVELOPPEMENT DE BASKETS AUTO-NETTOYANTES, UNE AVANCÉE QUI PROMET DE SIMPLIFIER L'ENTRETIEN DES CHAUSSURES. CES TECHNOLOGIES POURRAIENT INCLURE DES REVÊTEMENTS SPÉCIAUX QUI REPOUSSENT LA SALETÉ, L'EAU ET LES TACHES, OU DES MATÉRIAUX QUI PEUVENT ÉLIMINER ACTIVEMENT LES TACHES AVEC PEU OU PAS D'INTERVENTION MANUELLE. CERTAINES RECHERCHES SE CONCENTRENT ÉGALEMENT SUR L'UTILISATION DE LA NANOTECHNOLOGIE POUR CRÉER DES SURFACES QUI RESTENT PROPRES PLUS LONGTEMPS. BIEN QUE CETTE TECHNOLOGIE SOIT ENCORE EN PHASE DE DÉVELOPPEMENT ET D'EXPÉRIMENTATION, SON POTENTIEL POUR RÉDUIRE LE BESOIN DE NETTOYAGE FRÉQUENT ET PROLONGER LA DURÉE DE VIE DES CHAUSSURES EST SIGNIFICATIF, OFFRANT UNE COMMODITÉ SUPPLÉMENTAIRE POUR LES CONSOMMATEURS.

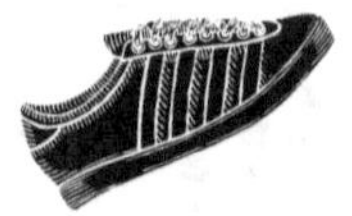

58

BOOST CÉLÉBRITÉS

LES COLLABORATIONS ENTRE MARQUES DE BASKETS ET CÉLÉBRITÉS SONT UNE STRATÉGIE MARKETING DE PLUS EN PLUS POPULAIRE QUI A SOUVENT UN IMPACT SIGNIFICATIF SUR LES VENTES. LORSQU'UNE CÉLÉBRITÉ S'ASSOCIE À UNE MARQUE POUR CRÉER OU PROMOUVOIR UNE BASKET, CELA PEUT ACCROÎTRE CONSIDÉRABLEMENT LA VISIBILITÉ ET L'ATTRAIT DU PRODUIT. CES COLLABORATIONS TIRENT PARTI DE LA POPULARITÉ ET DE L'INFLUENCE DE LA CÉLÉBRITÉ POUR ATTEINDRE UN LARGE PUBLIC. DES EXEMPLES NOTABLES INCLUENT LES COLLABORATIONS ENTRE KANYE WEST ET ADIDAS POUR LA LIGNE YEEZY, OU ENTRE MICHAEL JORDAN ET NIKE POUR LES AIR JORDANS. CES PARTENARIATS NE SE LIMITENT PAS SEULEMENT À DES PERSONNALITÉS DU SPORT, MAIS S'ÉTENDENT À DES ARTISTES, DES MUSICIENS ET D'AUTRES FIGURES PUBLIQUES, ÉLARGISSANT AINSI LE MARCHÉ CIBLE ET CRÉANT UN ENGOUEMENT AUTOUR DES ÉDITIONS LIMITÉES ET DES DESIGNS EXCLUSIFS.

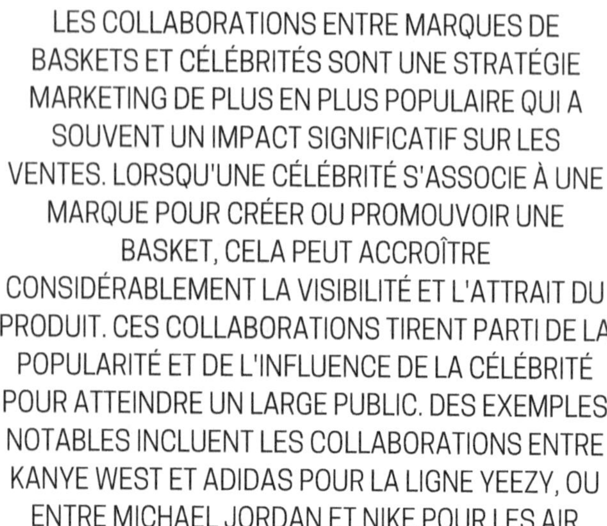

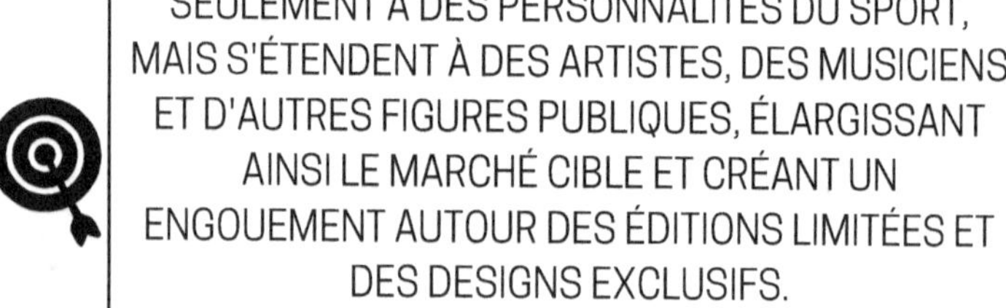

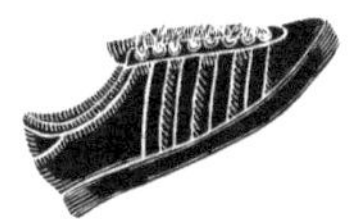

59

BASKETS E-SPORTS

RECONNAISSANT LA CROISSANCE RAPIDE DES E-SPORTS ET L'IMPORTANCE DE L'ERGONOMIE POUR LES JOUEURS, CERTAINES MARQUES DE BASKETS ONT COMMENCÉ À DÉVELOPPER DES CHAUSSURES SPÉCIALEMENT CONÇUES POUR LES GAMERS. CES BASKETS VISENT À OFFRIR CONFORT ET SOUTIEN PENDANT DE LONGUES PÉRIODES DE JEU, AVEC DES CARACTÉRISTIQUES TELLES QUE DES SEMELLES AMÉLIORÉES POUR LA POSTURE ET LE SOUTIEN DU PIED, ET DES MATÉRIAUX RESPIRANTS POUR GARDER LES PIEDS AU FRAIS. BIEN QUE L'ACTIVITÉ PHYSIQUE DANS LES E-SPORTS SOIT DIFFÉRENTE DE CELLE DES SPORTS TRADITIONNELS, L'IMPORTANCE DU CONFORT ET DE LA PERFORMANCE RESTE ESSENTIELLE. CES CHAUSSURES REPRÉSENTENT UNE EXPANSION INTÉRESSANTE DU MARCHÉ DES BASKETS, CIBLANT LES BESOINS SPÉCIFIQUES D'UNE COMMUNAUTÉ GRANDISSANTE ET PASSIONNÉE.

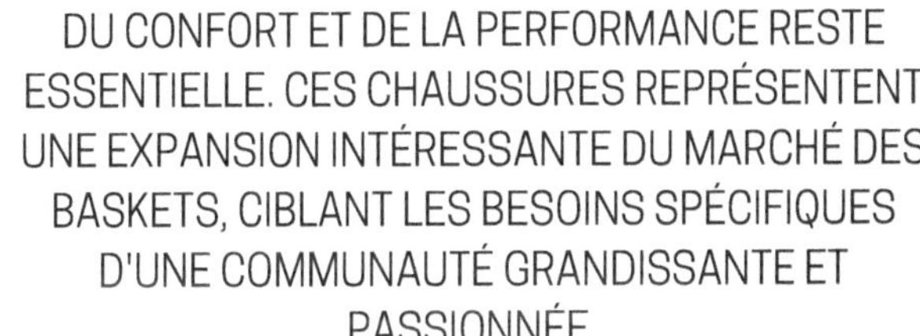

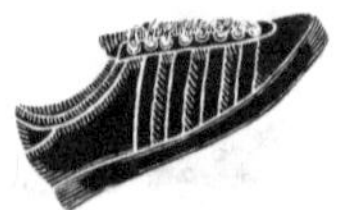

60

ADIDAS KANGOUROU

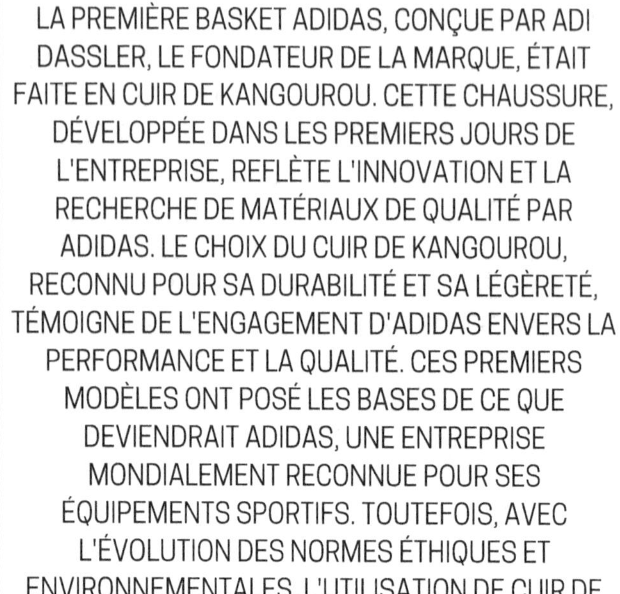

LA PREMIÈRE BASKET ADIDAS, CONÇUE PAR ADI DASSLER, LE FONDATEUR DE LA MARQUE, ÉTAIT FAITE EN CUIR DE KANGOUROU. CETTE CHAUSSURE, DÉVELOPPÉE DANS LES PREMIERS JOURS DE L'ENTREPRISE, REFLÈTE L'INNOVATION ET LA RECHERCHE DE MATÉRIAUX DE QUALITÉ PAR ADIDAS. LE CHOIX DU CUIR DE KANGOUROU, RECONNU POUR SA DURABILITÉ ET SA LÉGÈRETÉ, TÉMOIGNE DE L'ENGAGEMENT D'ADIDAS ENVERS LA PERFORMANCE ET LA QUALITÉ. CES PREMIERS MODÈLES ONT POSÉ LES BASES DE CE QUE DEVIENDRAIT ADIDAS, UNE ENTREPRISE MONDIALEMENT RECONNUE POUR SES ÉQUIPEMENTS SPORTIFS. TOUTEFOIS, AVEC L'ÉVOLUTION DES NORMES ÉTHIQUES ET ENVIRONNEMENTALES, L'UTILISATION DE CUIR DE KANGOUROU DANS LES CHAUSSURES DE SPORT EST DEVENUE MOINS COURANTE, ET LES MARQUES SE TOURNENT VERS DES ALTERNATIVES PLUS DURABLES.

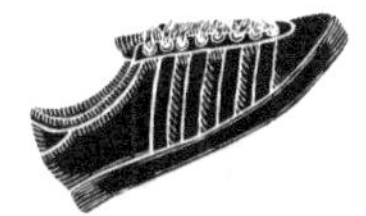

61

PUBLICITÉS EMBLÉMATIQUES

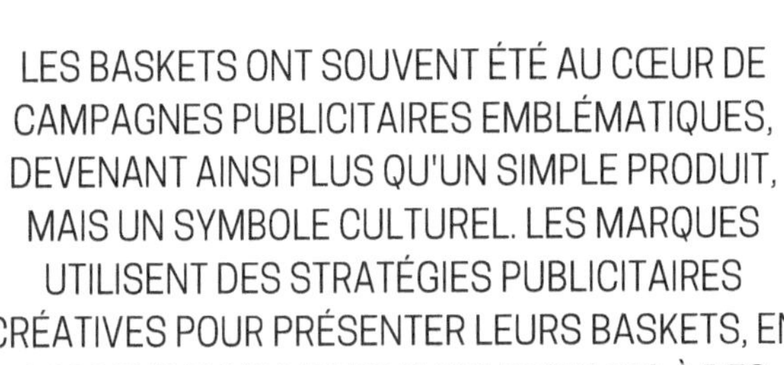

LES BASKETS ONT SOUVENT ÉTÉ AU CŒUR DE
CAMPAGNES PUBLICITAIRES EMBLÉMATIQUES,
DEVENANT AINSI PLUS QU'UN SIMPLE PRODUIT,
MAIS UN SYMBOLE CULTUREL. LES MARQUES
UTILISENT DES STRATÉGIES PUBLICITAIRES
CRÉATIVES POUR PRÉSENTER LEURS BASKETS, EN
ASSOCIANT SOUVENT LEURS PRODUITS À DES
THÈMES DE PERFORMANCE, D'INNOVATION, OU DE
STYLE DE VIE DÉSIRABLE. DES CAMPAGNES COMME
CELLES DE NIKE AVEC LE SLOGAN "JUST DO IT" OU
LES PUBLICITÉS D'ADIDAS AVEC DES CÉLÉBRITÉS ET
DES ATHLÈTES DE RENOM ONT MARQUÉ LES
ESPRITS. CES CAMPAGNES NE SE CONTENTENT PAS
DE VENDRE DES CHAUSSURES ; ELLES VÉHICULENT
DES MESSAGES INSPIRANTS, DES HISTOIRES DE
DÉTERMINATION ET DE SUCCÈS, ET CONTRIBUENT À
L'IDENTITÉ DE LA MARQUE ET À SA CONNEXION
AVEC LES CONSOMMATEURS.

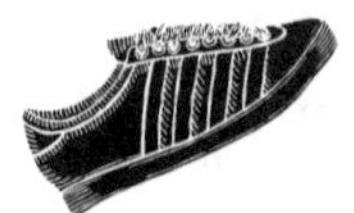

62

SYMBOLE RÉBELLION

DANS L'HISTOIRE RÉCENTE, LES BASKETS ONT ÉTÉ ADOPTÉES COMME UN SYMBOLE DE RÉBELLION ET DE PROTESTATION DANS DIVERS MOUVEMENTS SOCIAUX ET POLITIQUES. ELLES SONT SOUVENT PORTÉES PAR LES MANIFESTANTS EN RAISON DE LEUR CONFORT ET DE LEUR PRATICITÉ, MAIS AUSSI COMME UN SIGNE D'IDENTITÉ DE GROUPE ET DE SOLIDARITÉ. LES BASKETS PEUVENT SYMBOLISER LA RÉSISTANCE, LA JEUNESSE OU UN REJET DES NORMES TRADITIONNELLES. PAR EXEMPLE, DANS LES ANNÉES 1960 ET 1970, ELLES ÉTAIENT ASSOCIÉES AUX MOUVEMENTS DE CONTRE-CULTURE. PLUS RÉCEMMENT, DES MOUVEMENTS TELS QUE BLACK LIVES MATTER ONT VU DES PARTICIPANTS PORTER DES BASKETS COMME PARTIE INTÉGRANTE DE LEUR TENUE DE PROTESTATION, REFLÉTANT UNE COMBINAISON DE MODE DE RUE ET D'ACTIVISME.

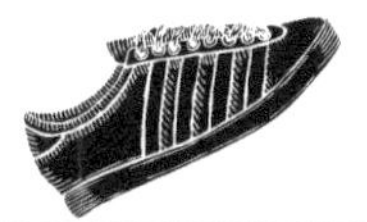

63

SEMELLES EXTENSIBLES

LES TECHNOLOGIES DE SEMELLES EXTENSIBLES REPRÉSENTENT UNE AVANCÉE MAJEURE DANS LA CONCEPTION DE CHAUSSURES, OFFRANT UN AJUSTEMENT PLUS PERSONNALISÉ ET UN CONFORT ACCRU. CES SEMELLES, FABRIQUÉES À PARTIR DE MATÉRIAUX INNOVANTS ET FLEXIBLES, PEUVENT S'ÉTIRER ET S'ADAPTER À LA FORME UNIQUE DU PIED DE L'UTILISATEUR. CETTE FLEXIBILITÉ ASSURE NON SEULEMENT UN AJUSTEMENT PLUS CONFORTABLE, MAIS AIDE ÉGALEMENT À RÉPARTIR UNIFORMÉMENT LE POIDS ET LA PRESSION SUR LE PIED, CE QUI PEUT AMÉLIORER LA POSTURE ET RÉDUIRE LA FATIGUE. LES SEMELLES EXTENSIBLES SONT PARTICULIÈREMENT BÉNÉFIQUES POUR LES PERSONNES AYANT DES PROBLÈMES DE PIEDS, COMME LES PIEDS LARGES OU LES GONFLEMENTS, CAR ELLES PERMETTENT À LA CHAUSSURE DE S'ADAPTER AUX CHANGEMENTS DE FORME DU PIED TOUT AU LONG DE LA JOURNÉE.

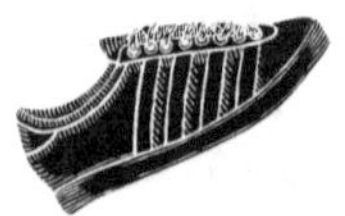

BOTS SNEAKERS

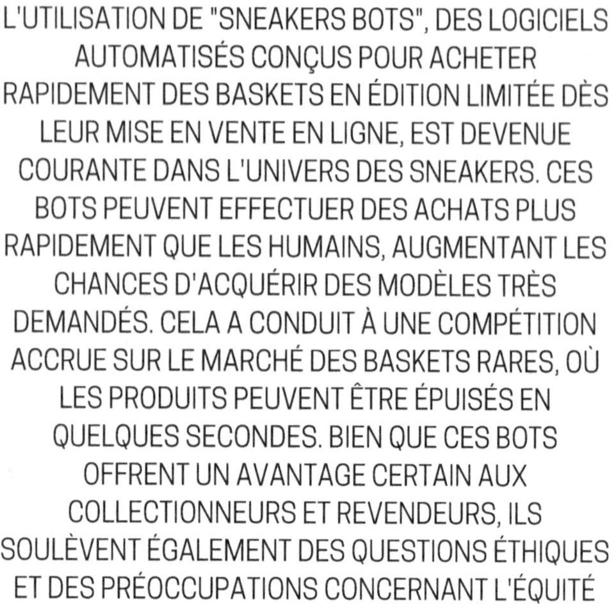

L'UTILISATION DE "SNEAKERS BOTS", DES LOGICIELS AUTOMATISÉS CONÇUS POUR ACHETER RAPIDEMENT DES BASKETS EN ÉDITION LIMITÉE DÈS LEUR MISE EN VENTE EN LIGNE, EST DEVENUE COURANTE DANS L'UNIVERS DES SNEAKERS. CES BOTS PEUVENT EFFECTUER DES ACHATS PLUS RAPIDEMENT QUE LES HUMAINS, AUGMENTANT LES CHANCES D'ACQUÉRIR DES MODÈLES TRÈS DEMANDÉS. CELA A CONDUIT À UNE COMPÉTITION ACCRUE SUR LE MARCHÉ DES BASKETS RARES, OÙ LES PRODUITS PEUVENT ÊTRE ÉPUISÉS EN QUELQUES SECONDES. BIEN QUE CES BOTS OFFRENT UN AVANTAGE CERTAIN AUX COLLECTIONNEURS ET REVENDEURS, ILS SOULÈVENT ÉGALEMENT DES QUESTIONS ÉTHIQUES ET DES PRÉOCCUPATIONS CONCERNANT L'ÉQUITÉ POUR LES CONSOMMATEURS ORDINAIRES QUI TENTENT D'ACHETER CES PRODUITS À DES PRIX DE DÉTAIL.

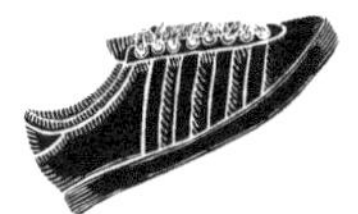

65

UNIFORMES SCOLAIRES

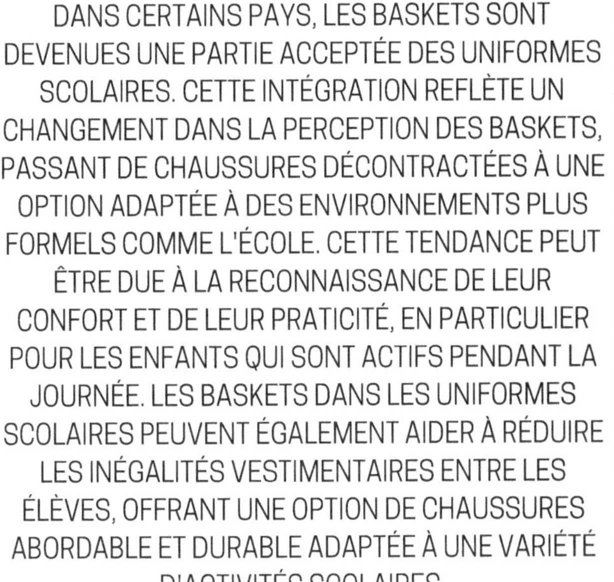

DANS CERTAINS PAYS, LES BASKETS SONT DEVENUES UNE PARTIE ACCEPTÉE DES UNIFORMES SCOLAIRES. CETTE INTÉGRATION REFLÈTE UN CHANGEMENT DANS LA PERCEPTION DES BASKETS, PASSANT DE CHAUSSURES DÉCONTRACTÉES À UNE OPTION ADAPTÉE À DES ENVIRONNEMENTS PLUS FORMELS COMME L'ÉCOLE. CETTE TENDANCE PEUT ÊTRE DUE À LA RECONNAISSANCE DE LEUR CONFORT ET DE LEUR PRATICITÉ, EN PARTICULIER POUR LES ENFANTS QUI SONT ACTIFS PENDANT LA JOURNÉE. LES BASKETS DANS LES UNIFORMES SCOLAIRES PEUVENT ÉGALEMENT AIDER À RÉDUIRE LES INÉGALITÉS VESTIMENTAIRES ENTRE LES ÉLÈVES, OFFRANT UNE OPTION DE CHAUSSURES ABORDABLE ET DURABLE ADAPTÉE À UNE VARIÉTÉ D'ACTIVITÉS SCOLAIRES.

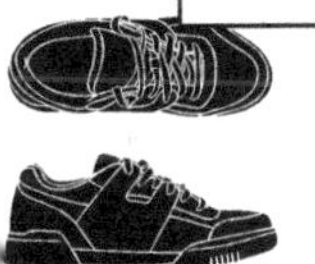

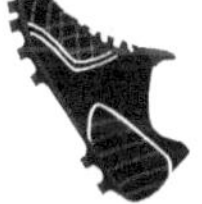

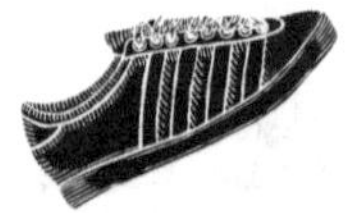

VARIÉTÉ AMORTI

LES TECHNOLOGIES D'AMORTI UTILISÉES DANS LES BASKETS VARIENT CONSIDÉRABLEMENT D'UNE MARQUE À L'AUTRE, CHACUNE DÉVELOPPANT SES PROPRES SOLUTIONS POUR AMÉLIORER LE CONFORT ET LA PERFORMANCE. PAR EXEMPLE, NIKE UTILISE LA TECHNOLOGIE "AIR", UNE BULLE D'AIR ENCAPSULÉE DANS LA SEMELLE POUR ABSORBER LES CHOCS. ADIDAS, DE SON CÔTÉ, A DÉVELOPPÉ LA TECHNOLOGIE "BOOST", COMPOSÉE DE PETITES CAPSULES EN MOUSSE QUI OFFRENT UN REBOND ÉLEVÉ ET UN AMORTI EFFICACE. D'AUTRES MARQUES ONT DÉVELOPPÉ DES TECHNOLOGIES D'AMORTI UNIQUES, COMME LA SEMELLE "GEL" D'ASICS OU LA "WAVE" DE MIZUNO. CHAQUE TECHNOLOGIE PRÉSENTE DES AVANTAGES SPÉCIFIQUES EN TERMES D'AMORTI, DE STABILITÉ ET DE RÉACTIVITÉ, RÉPONDANT AUX BESOINS VARIÉS DES ATHLÈTES ET DES UTILISATEURS QUOTIDIENS.

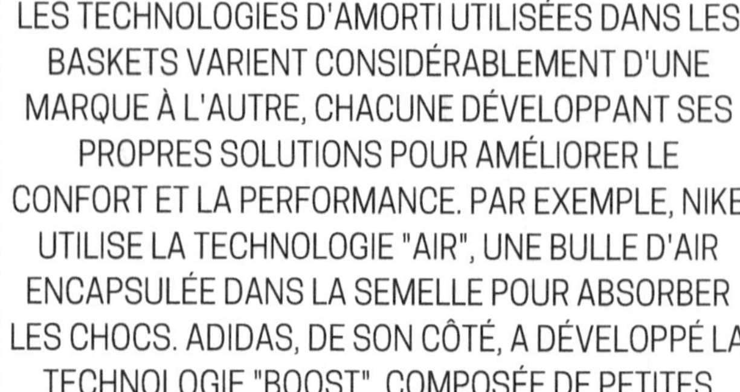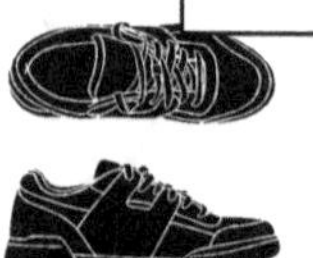

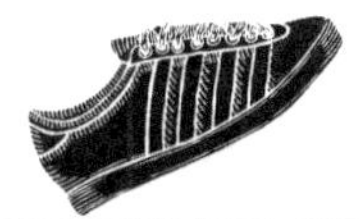

67

CONTREFAÇONS BASKETS

LE MARCHÉ DES BASKETS, EN PARTICULIER LES MODÈLES RARES ET EN ÉDITION LIMITÉE, A ÉTÉ CONFRONTÉ AU PROBLÈME PERSISTANT DES CONTREFAÇONS. CES RÉPLIQUES, SOUVENT DE QUALITÉ INFÉRIEURE, IMITENT L'APPARENCE DES BASKETS AUTHENTIQUES, MAIS NE CORRESPONDENT PAS AUX STANDARDS DE QUALITÉ ET DE PERFORMANCE DES ORIGINAUX. LES CONTREFAÇONS PEUVENT NON SEULEMENT TROMPER LES CONSOMMATEURS, MAIS AUSSI NUIRE À LA RÉPUTATION DES MARQUES ET À L'INTÉGRITÉ DU MARCHÉ DES BASKETS. LES FABRICANTS ET LES DÉTAILLANTS PRENNENT DES MESURES POUR LUTTER CONTRE LES CONTREFAÇONS, TELLES QUE L'UTILISATION DE TECHNOLOGIES DE VÉRIFICATION, DE TRAÇABILITÉ ET DE SENSIBILISATION DES CONSOMMATEURS POUR LES AIDER À IDENTIFIER LES PRODUITS AUTHENTIQUES.

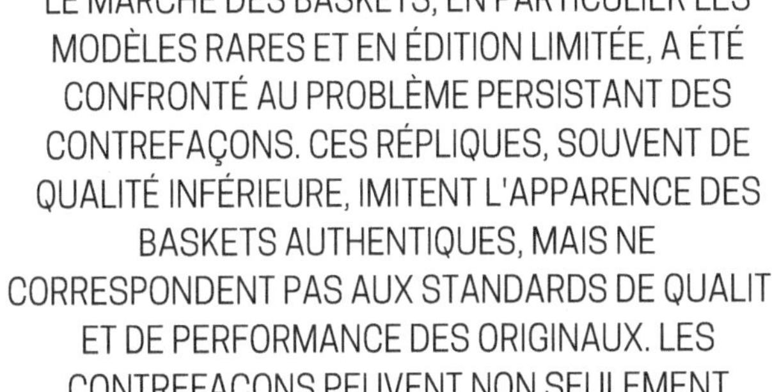

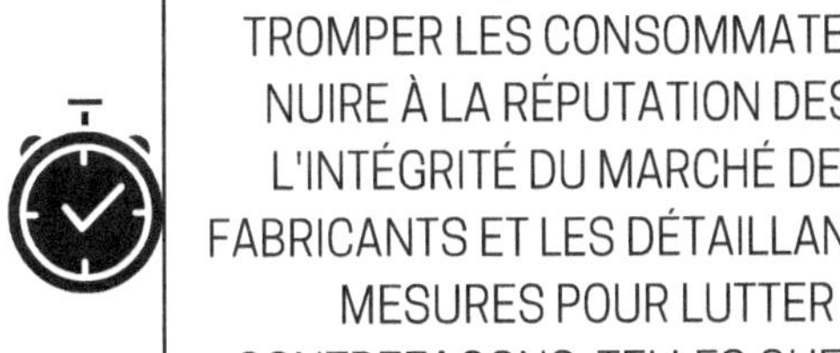

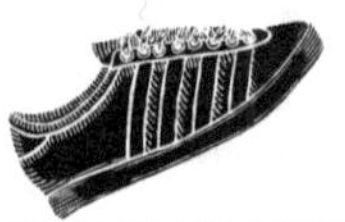

SEMELLES LIÈGE

DANS UN EFFORT POUR RENDRE LES BASKETS PLUS ÉCOLOGIQUES, CERTAINES MARQUES EXPLORENT L'UTILISATION DE MATÉRIAUX DURABLES COMME LE LIÈGE POUR LES SEMELLES. LE LIÈGE EST UN MATÉRIAU RENOUVELABLE, RÉCOLTÉ À PARTIR DE L'ÉCORCE DU CHÊNE-LIÈGE SANS ENDOMMAGER L'ARBRE. IL EST APPRÉCIÉ POUR SA LÉGÈRETÉ, SA DURABILITÉ ET SES PROPRIÉTÉS D'AMORTISSEMENT NATURELLES. EN PLUS D'ÊTRE ÉCOLOGIQUE, LE LIÈGE OFFRE UN CONFORT ET UN SOUTIEN SIMILAIRES À D'AUTRES MATÉRIAUX TRADITIONNELS DE SEMELLES. L'INTÉGRATION DE MATÉRIAUX DURABLES COMME LE LIÈGE DANS LES CHAUSSURES DE SPORT EST UN PAS VERS DES PRATIQUES DE PRODUCTION PLUS RESPECTUEUSES DE L'ENVIRONNEMENT, REFLÉTANT UNE PRISE DE CONSCIENCE CROISSANTE DES ENJEUX ÉCOLOGIQUES DANS L'INDUSTRIE DE LA MODE.

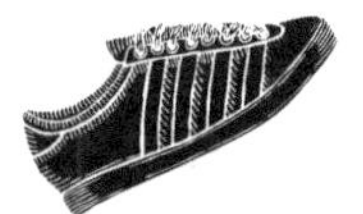

69

HIP-HOP INFLUENCE

LES BASKETS ONT UNE PLACE SIGNIFICATIVE DANS L'HISTOIRE ET LA CULTURE DU HIP-HOP ET DU BREAKDANCE. DANS CES COMMUNAUTÉS, LES BASKETS NE SONT PAS SEULEMENT UN CHOIX DE MODE, MAIS UN ÉLÉMENT ESSENTIEL DE L'IDENTITÉ ET DE L'EXPRESSION CULTURELLE. LES DANSEURS DE BREAKDANCE, EN PARTICULIER, CHOISISSENT SOUVENT DES BASKETS POUR LEUR CONFORT, LEUR FLEXIBILITÉ ET LEUR ADHÉRENCE, DES CARACTÉRISTIQUES ESSENTIELLES POUR LES PERFORMANCES DE DANSE. EN OUTRE, LES MODÈLES ET LES MARQUES DE BASKETS SONT SOUVENT DEVENUS DES SYMBOLES DE STATUT ET DE STYLE AU SEIN DE LA COMMUNAUTÉ HIP-HOP. DES MODÈLES EMBLÉMATIQUES DE BASKETS SONT FRÉQUEMMENT CITÉS DANS LA MUSIQUE HIP-HOP, ET LEUR APPARITION DANS DES CLIPS VIDÉO ET DES SPECTACLES DE DANSE RENFORCE LEUR STATUT DE SYMBOLES CULTURELS.

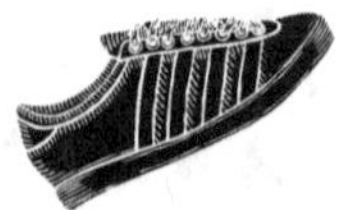

RECYCLAGE BASKETS

FACE À LA NÉCESSITÉ DE PRATIQUES PLUS DURABLES DANS L'INDUSTRIE DE LA MODE, LE DÉVELOPPEMENT DE TECHNOLOGIES POUR LE RECYCLAGE DES BASKETS GAGNE EN IMPORTANCE. CES TECHNOLOGIES VISENT À DÉCOMPOSER ET RÉUTILISER LES DIFFÉRENTS COMPOSANTS DES CHAUSSURES EN FIN DE VIE, COMME LE CAOUTCHOUC, LA MOUSSE, ET LES TISSUS. DES INITIATIVES COMME LES PROGRAMMES DE RECYCLAGE DE NIKE ET ADIDAS PERMETTENT DE TRANSFORMER LES VIEILLES BASKETS EN TERRAINS DE SPORT, MATÉRIAUX DE CONSTRUCTION, OU MÊME EN NOUVELLES CHAUSSURES. CES EFFORTS AIDENT À RÉDUIRE LES DÉCHETS ET À PROMOUVOIR UNE ÉCONOMIE CIRCULAIRE DANS L'INDUSTRIE DES BASKETS, OÙ LES MATÉRIAUX PEUVENT ÊTRE CONTINUELLEMENT RÉUTILISÉS PLUTÔT QUE JETÉS.

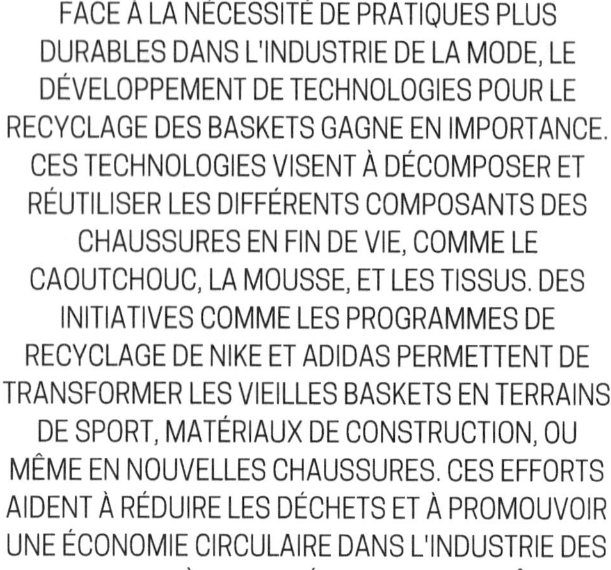

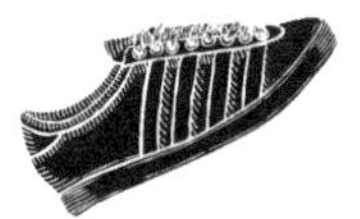

71

LÉGÈRETÉ BASKETS

LA LÉGÈRETÉ EST UNE CARACTÉRISTIQUE CLÉ DES BASKETS MODERNES, AVEC DES FABRICANTS CHERCHANT CONSTAMMENT À RÉDUIRE LE POIDS DE LEURS CHAUSSURES POUR AMÉLIORER LE CONFORT ET LA PERFORMANCE. DES MATÉRIAUX INNOVANTS COMME LES MOUSSES LÉGÈRES, LES MAILLES RESPIRANTES ET LES TISSUS SYNTHÉTIQUES SONT UTILISÉS POUR DIMINUER LE POIDS SANS SACRIFIER LA DURABILITÉ OU LE SOUTIEN. LES BASKETS LÉGÈRES SONT PARTICULIÈREMENT APPRÉCIÉES DANS LES SPORTS OÙ LA VITESSE ET L'AGILITÉ SONT ESSENTIELLES, CAR ELLES PERMETTENT AUX ATHLÈTES DE SE DÉPLACER PLUS LIBREMENT ET EFFICACEMENT. POUR LES UTILISATEURS QUOTIDIENS, DES CHAUSSURES PLUS LÉGÈRES OFFRENT UN CONFORT ACCRU, RENDANT LES LONGUES PÉRIODES DE MARCHE OU DE STATION DEBOUT MOINS FATIGANTES.

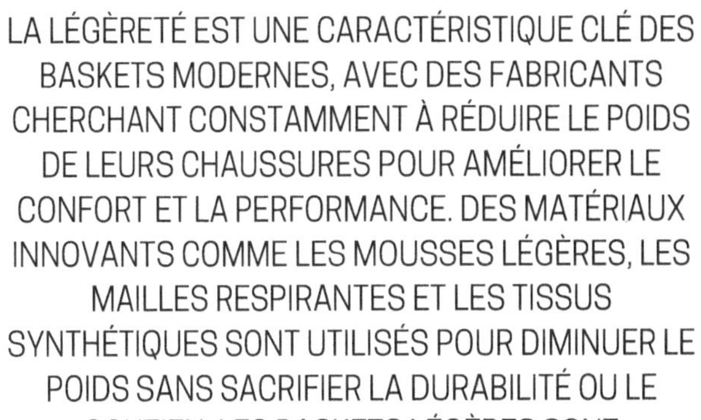

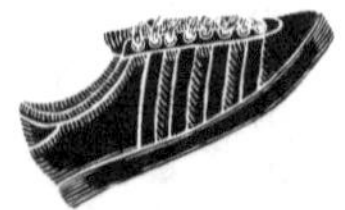

72

DESIGN UNIQUE

LES ÉDITIONS LIMITÉES DE BASKETS SE DISTINGUENT SOUVENT PAR DES ÉLÉMENTS DE DESIGN UNIQUES QUI LES RENDENT TRÈS RECHERCHÉES PAR LES COLLECTIONNEURS ET LES AMATEURS DE MODE. CES DESIGNS PEUVENT INCLURE DES COLORIS EXCLUSIFS, DES COLLABORATIONS ARTISTIQUES, DES MOTIFS INNOVANTS, OU DES DÉTAILS COMMÉMORATIFS. CES ÉDITIONS SPÉCIALES SONT SOUVENT LE FRUIT DE COLLABORATIONS ENTRE MARQUES DE CHAUSSURES, DESIGNERS, ARTISTES, OU CÉLÉBRITÉS, OFFRANT UNE FUSION DE CRÉATIVITÉ ET DE STYLE. EN RAISON DE LEUR RARETÉ ET DE LEUR CARACTÈRE UNIQUE, CES BASKETS PEUVENT DEVENIR DES OBJETS DE COLLECTION CONVOITÉS, AVEC UNE VALEUR QUI DÉPASSE SOUVENT LEUR FONCTION INITIALE COMME CHAUSSURE DE SPORT OU DE LOISIR.

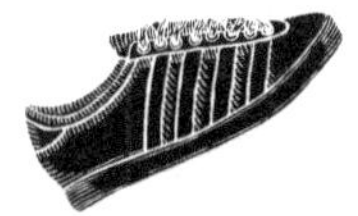

EXPRESSION DESIGNERS

LES BASKETS SONT DEVENUES UNE TOILE DE CHOIX POUR LES DESIGNERS, LEUR PERMETTANT D'EXPRIMER LEUR CRÉATIVITÉ ET LEUR VISION ARTISTIQUE. AU-DELÀ DE LEUR FONCTIONNALITÉ, LES BASKETS OFFRENT UNE SURFACE UNIQUE POUR L'EXPÉRIMENTATION AVEC DES COULEURS, DES TEXTURES, ET DES FORMES. LES DESIGNERS UTILISENT LES BASKETS POUR REPOUSSER LES LIMITES DE LA MODE ET DU DESIGN DE CHAUSSURES, EN INTÉGRANT DES ÉLÉMENTS INNOVANTS ET PARFOIS AUDACIEUX. CES CRÉATIONS PEUVENT REFLÉTER LES TENDANCES CULTURELLES ACTUELLES, RENDRE HOMMAGE À DES MOUVEMENTS ARTISTIQUES HISTORIQUES, OU MÊME FAIRE DES DÉCLARATIONS SOCIALES OU POLITIQUES. EN TRANSFORMANT LES BASKETS EN ŒUVRES D'ART PORTABLES, LES DESIGNERS ENRICHISSENT LA RELATION ENTRE LA MODE, L'ART ET L'EXPRESSION INDIVIDUELLE.

74

SEMELLES HIVER

POUR LES SPORTS D'HIVER, TELS QUE LE SKI, LE SNOWBOARD OU LA RANDONNÉE EN MONTAGNE, DES SEMELLES SPÉCIALES SONT CONÇUES POUR OFFRIR UNE PERFORMANCE ET UNE SÉCURITÉ OPTIMALES. CES SEMELLES DOIVENT RÉPONDRE À DES DÉFIS UNIQUES LIÉS AUX CONDITIONS HIVERNALES, COMME LA BASSE TEMPÉRATURE, LA NEIGE, ET LA GLACE. ELLES SONT SOUVENT FABRIQUÉES AVEC DES MATÉRIAUX RÉSISTANTS AU FROID QUI NE DURCISSENT PAS À BASSES TEMPÉRATURES, ET SONT DOTÉES DE MOTIFS DE TRACTION SPÉCIFIQUES POUR UNE MEILLEURE ADHÉRENCE SUR LA NEIGE ET LA GLACE. DE PLUS, CES SEMELLES PEUVENT INCLURE DES TECHNOLOGIES D'ISOLATION POUR GARDER LES PIEDS AU CHAUD. L'INNOVATION DANS LA CONCEPTION DES SEMELLES POUR LES SPORTS D'HIVER CONTRIBUE À AMÉLIORER NON SEULEMENT LA PERFORMANCE ATHLÉTIQUE, MAIS AUSSI LE CONFORT ET LA SÉCURITÉ DANS DES ENVIRONNEMENTS DIFFICILES.

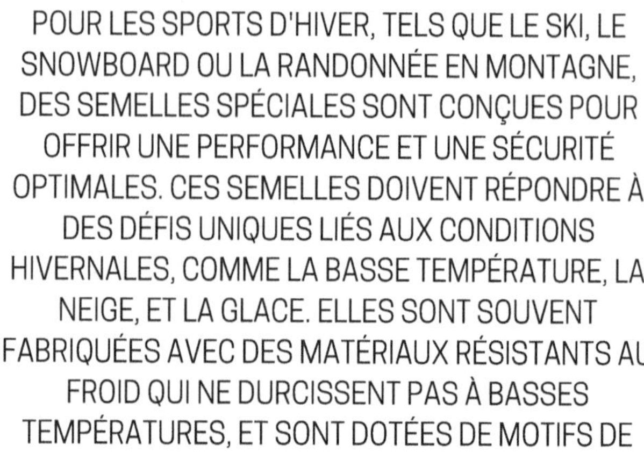

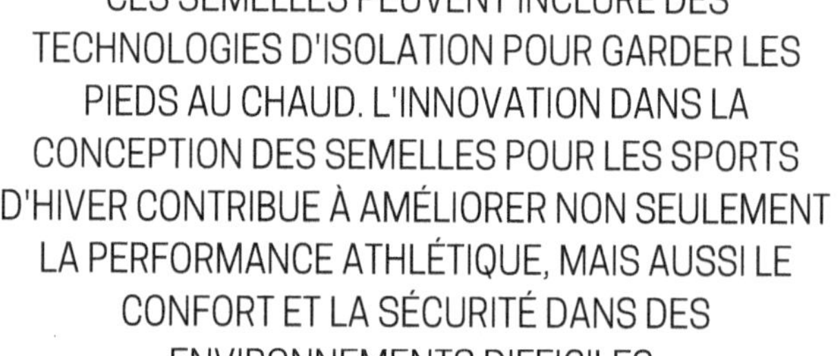

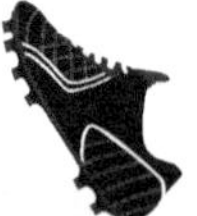

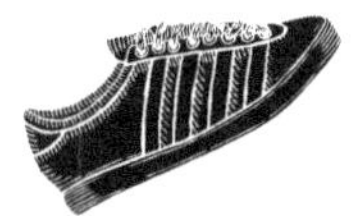

COLLECTIONS COLLABORATIVES

LES COLLABORATIONS ENTRE MARQUES DE BASKETS, ARTISTES, DESIGNERS ET CÉLÉBRITÉS PEUVENT TRANSFORMER DES BASKETS ORDINAIRES EN OBJETS DE COLLECTION PRÉCIEUX. CES COLLABORATIONS SONT SOUVENT EN ÉDITION LIMITÉE ET COMPORTENT DES DESIGNS UNIQUES, RENDANT CHAQUE PAIRE SPÉCIALE. LES FANS DE BASKETS ET LES COLLECTIONNEURS SONT ATTIRÉS PAR L'EXCLUSIVITÉ DE CES CHAUSSURES, AINSI QUE PAR LEUR POTENTIEL DE VALEUR AJOUTÉE EN TANT QU'OBJETS DE COLLECTION. LES COLLABORATIONS RÉUSSIES SONT CELLES QUI ALLIENT CRÉATIVITÉ, INNOVATION ET PERTINENCE CULTURELLE, CRÉANT DES CHAUSSURES QUI SONT À LA FOIS DES EXPRESSIONS ARTISTIQUES ET DES ARTICLES DE MODE DÉSIRABLES. CES BASKETS DE COLLECTION DEVIENNENT SOUVENT DES PIÈCES MAÎTRESSES DANS LES COLLECTIONS DE CHAUSSURES ET SONT VALORISÉES POUR LEUR ESTHÉTIQUE UNIQUE ET LEUR HISTOIRE.

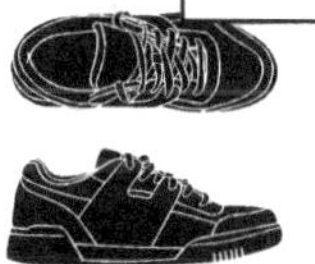

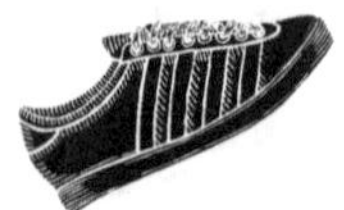

PLATEFORME 90'S

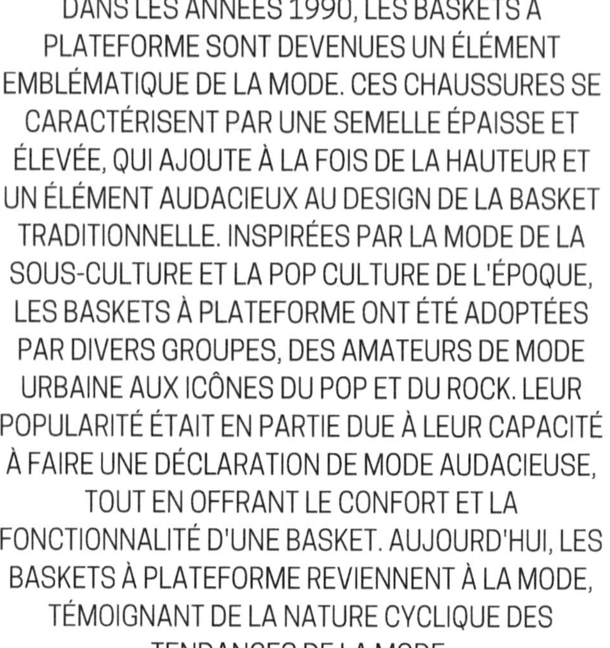

DANS LES ANNÉES 1990, LES BASKETS À PLATEFORME SONT DEVENUES UN ÉLÉMENT EMBLÉMATIQUE DE LA MODE. CES CHAUSSURES SE CARACTÉRISENT PAR UNE SEMELLE ÉPAISSE ET ÉLEVÉE, QUI AJOUTE À LA FOIS DE LA HAUTEUR ET UN ÉLÉMENT AUDACIEUX AU DESIGN DE LA BASKET TRADITIONNELLE. INSPIRÉES PAR LA MODE DE LA SOUS-CULTURE ET LA POP CULTURE DE L'ÉPOQUE, LES BASKETS À PLATEFORME ONT ÉTÉ ADOPTÉES PAR DIVERS GROUPES, DES AMATEURS DE MODE URBAINE AUX ICÔNES DU POP ET DU ROCK. LEUR POPULARITÉ ÉTAIT EN PARTIE DUE À LEUR CAPACITÉ À FAIRE UNE DÉCLARATION DE MODE AUDACIEUSE, TOUT EN OFFRANT LE CONFORT ET LA FONCTIONNALITÉ D'UNE BASKET. AUJOURD'HUI, LES BASKETS À PLATEFORME REVIENNENT À LA MODE, TÉMOIGNANT DE LA NATURE CYCLIQUE DES TENDANCES DE LA MODE.

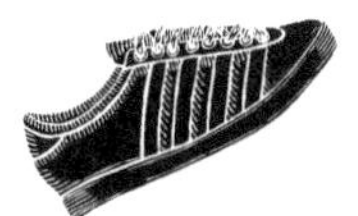

CONFORT MÉMOIRE

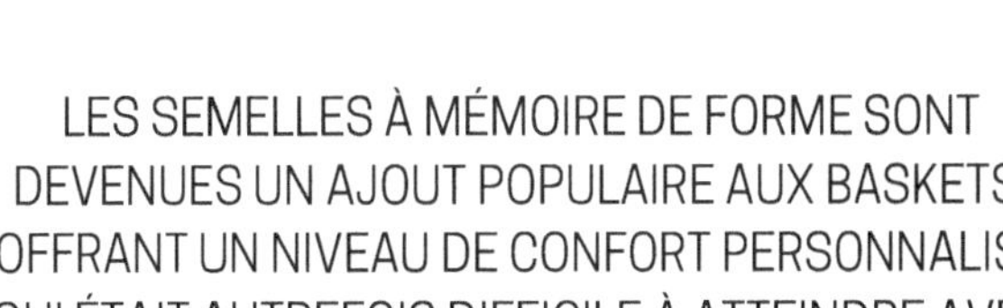

LES SEMELLES À MÉMOIRE DE FORME SONT DEVENUES UN AJOUT POPULAIRE AUX BASKETS, OFFRANT UN NIVEAU DE CONFORT PERSONNALISÉ QUI ÉTAIT AUTREFOIS DIFFICILE À ATTEINDRE AVEC DES CHAUSSURES DE SPORT STANDARD. FABRIQUÉES À PARTIR DE MATÉRIAUX VISCOÉLASTIQUES, CES SEMELLES S'ADAPTENT À LA FORME DU PIED DE L'UTILISATEUR, FOURNISSANT UN SOUTIEN SUR MESURE ET UNE RÉPARTITION ÉQUILIBRÉE DE LA PRESSION. CE TYPE DE SEMELLE EST PARTICULIÈREMENT BÉNÉFIQUE POUR LES PERSONNES AYANT DES BESOINS SPÉCIFIQUES EN MATIÈRE DE CONFORT OU CEUX QUI PASSENT DE LONGUES HEURES DEBOUT. EN SE CONFORMANT À LA FORME UNIQUE DE CHAQUE PIED, LES SEMELLES À MÉMOIRE DE FORME AIDENT À RÉDUIRE LA FATIGUE ET PEUVENT PRÉVENIR LES DOULEURS LIÉES À UNE MAUVAISE POSTURE OU UN MAUVAIS ALIGNEMENT DU PIED.

SENSIBILISATION SANTÉ

LES BASKETS ONT JOUÉ UN RÔLE DANS DES CAMPAGNES DE SENSIBILISATION À LA SANTÉ, UTILISÉES COMME UN OUTIL POUR PROMOUVOIR UN MODE DE VIE ACTIF ET SENSIBILISER À DIVERSES QUESTIONS DE SANTÉ. DES MARQUES ET DES ORGANISATIONS ONT CONÇU DES BASKETS SPÉCIALES POUR DES ÉVÉNEMENTS COMME LES COURSES DE SENSIBILISATION AU CANCER DU SEIN OU DES INITIATIVES DE SANTÉ CARDIAQUE. CES CHAUSSURES SONT SOUVENT COLORÉES OU PORTENT DES LOGOS SYMBOLISANT LA CAUSE SOUTENUE. EN PARTICIPANT À CES CAMPAGNES, LES MARQUES DE BASKETS CONTRIBUENT NON SEULEMENT À SENSIBILISER À DES QUESTIONS IMPORTANTES, MAIS ENCOURAGENT ÉGALEMENT LA PARTICIPATION ACTIVE À DES ACTIVITÉS SAINES, RENFORÇANT AINSI LE LIEN ENTRE LA SANTÉ PHYSIQUE, LE BIEN-ÊTRE ET L'ACTIVITÉ PHYSIQUE.

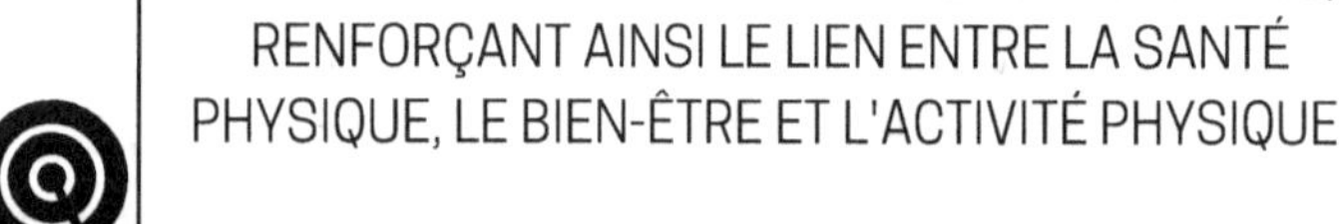

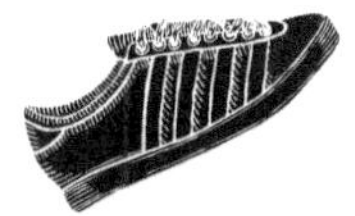

79

VENTILATION SPORT

DANS LE DOMAINE DES CHAUSSURES DE SPORT, LA VENTILATION EST UN ASPECT CRUCIAL POUR ASSURER LE CONFORT ET LA PERFORMANCE. LES TECHNOLOGIES DE VENTILATION IMPLIQUENT L'UTILISATION DE MATÉRIAUX RESPIRANTS ET DE CONCEPTIONS QUI PERMETTENT UNE CIRCULATION D'AIR EFFICACE À L'INTÉRIEUR DE LA CHAUSSURE. CELA AIDE À RÉDUIRE L'ACCUMULATION DE CHALEUR ET D'HUMIDITÉ, DIMINUANT AINSI LE RISQUE DE FORMATION DE BACTÉRIES ET DE MAUVAISES ODEURS, ET PRÉVENANT LES IRRITATIONS DE LA PEAU. LES INNOVATIONS DANS CE DOMAINE INCLUENT DES MAILLES AÉRÉES, DES SYSTÈMES DE VENTILATION INTÉGRÉS DANS LA SEMELLE, ET DES STRUCTURES DE CHAUSSURES QUI FAVORISENT UN FLUX D'AIR NATUREL. CES CARACTÉRISTIQUES SONT PARTICULIÈREMENT IMPORTANTES POUR LES ATHLÈTES ET LES PERSONNES ACTIVES, CAR ELLES CONTRIBUENT À MAINTENIR LES PIEDS AU FRAIS ET AU SEC, AMÉLIORANT AINSI LE CONFORT ET LA PERFORMANCE.

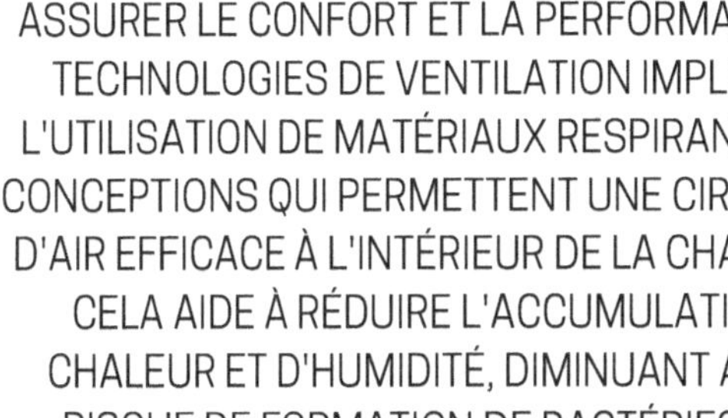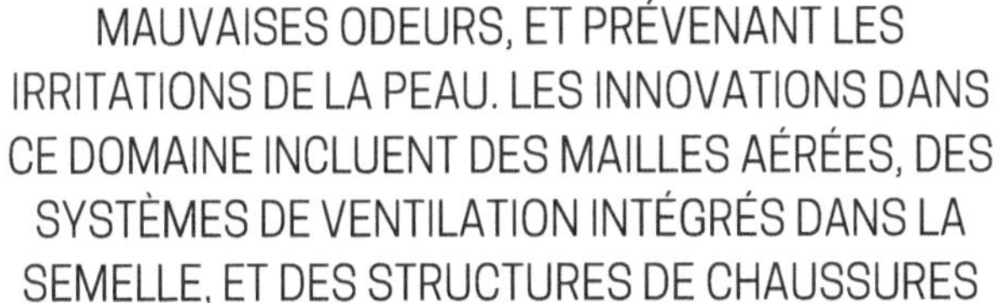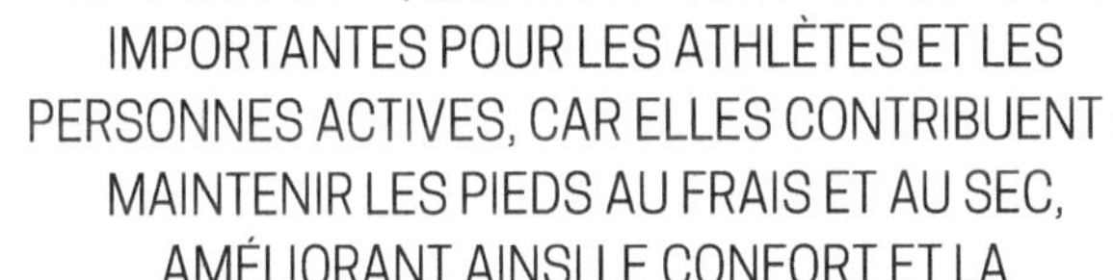

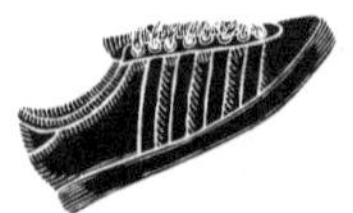

SUIVI PERFORMANCE

AVEC L'ESSOR DE LA TECHNOLOGIE PORTABLE, CERTAINES BASKETS SONT DÉSORMAIS ÉQUIPÉES DE CAPTEURS INTÉGRÉS QUI PERMETTENT AUX UTILISATEURS DE SUIVRE LEURS PERFORMANCES SPORTIVES. CES CAPTEURS PEUVENT MESURER UNE VARIÉTÉ DE PARAMÈTRES, TELS QUE LA DISTANCE PARCOURUE, LA VITESSE, LES PAS, ET MÊME LE STYLE DE COURSE. CES DONNÉES SONT SOUVENT ACCESSIBLES VIA UNE APPLICATION MOBILE, PERMETTANT AUX UTILISATEURS DE SUIVRE LEURS PROGRÈS, DE DÉFINIR DES OBJECTIFS ET D'ANALYSER LEUR PERFORMANCE AU FIL DU TEMPS. POUR LES ATHLÈTES PROFESSIONNELS ET LES AMATEURS DE FITNESS, CES BASKETS INTELLIGENTES OFFRENT UN MOYEN PRATIQUE DE RECUEILLIR DES INFORMATIONS PRÉCIEUSES POUR AMÉLIORER LEUR ENTRAÎNEMENT ET LEUR TECHNIQUE.

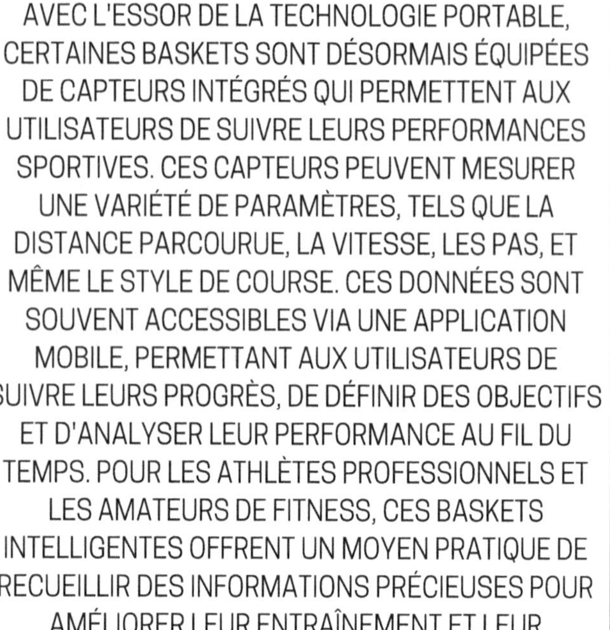

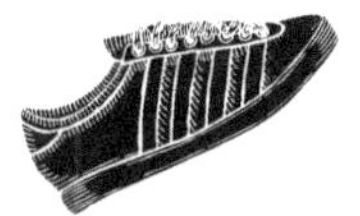

81

RÉBELLION BASKETS

DANS CERTAINS CONTEXTES HISTORIQUES ET CULTURELS, LES BASKETS ONT ÉTÉ ADOPTÉES COMME UN SYMBOLE DE RÉBELLION ET DE NON-CONFORMITÉ. PAR EXEMPLE, DANS LES ANNÉES 50 ET 60, LES JEUNES QUI PORTAIENT DES BASKETS ÉTAIENT SOUVENT PERÇUS COMME DÉFIANT LES NORMES DE LA MODE ET DE LA SOCIÉTÉ TRADITIONNELLE. DE MÊME, DANS DIVERS MOUVEMENTS DE CONTRE-CULTURE ET DE JEUNESSE, LES BASKETS ONT ÉTÉ UTILISÉES POUR EXPRIMER DES ATTITUDES REBELLES ET UN REJET DES VALEURS ÉTABLIES. CETTE SYMBOLIQUE A ÉTÉ RENFORCÉE PAR L'ASSOCIATION DES BASKETS AVEC DES SOUS-CULTURES SPÉCIFIQUES, COMME LE PUNK, LE HIP-HOP, ET LE SKATE, OÙ ELLES REPRÉSENTAIENT UN MODE DE VIE ALTERNATIF ET UN ESPRIT D'INDÉPENDANCE.

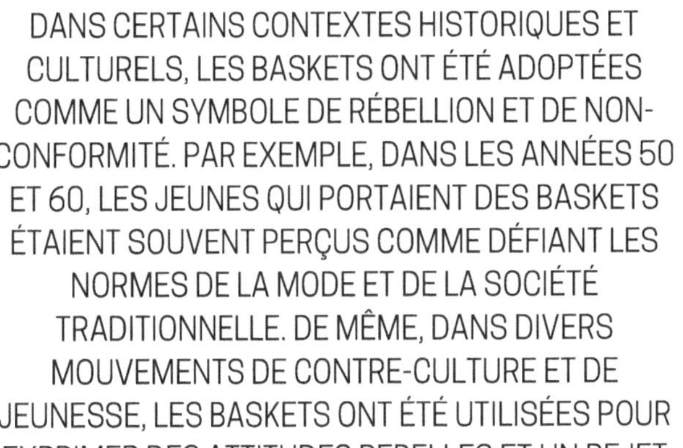

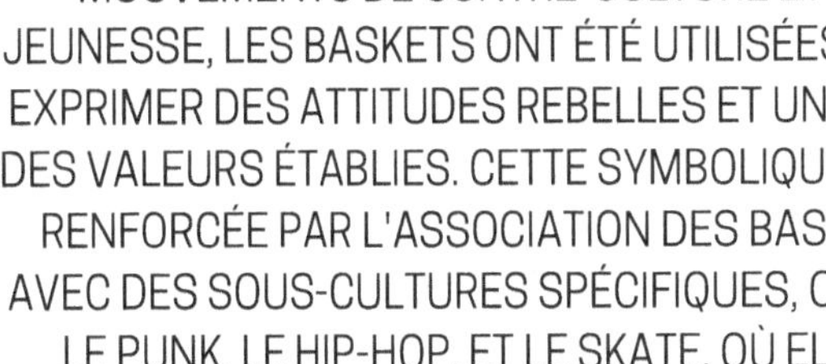

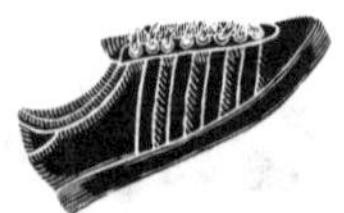

EMPREINTE NUMÉRIQUE

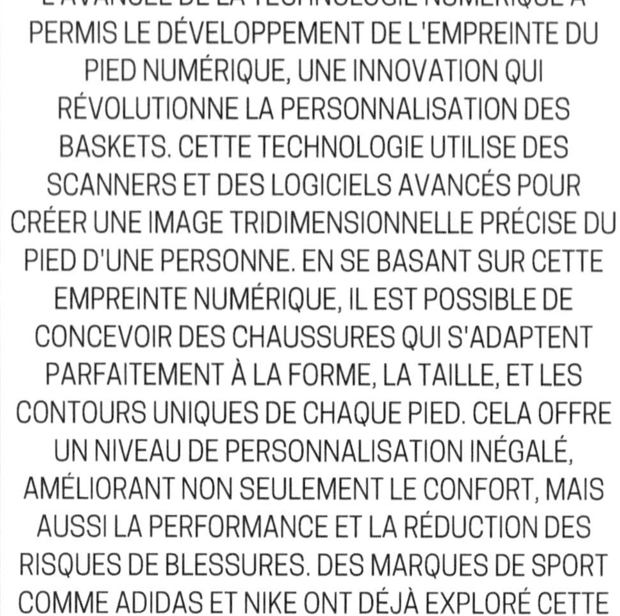

L'AVANCÉE DE LA TECHNOLOGIE NUMÉRIQUE A PERMIS LE DÉVELOPPEMENT DE L'EMPREINTE DU PIED NUMÉRIQUE, UNE INNOVATION QUI RÉVOLUTIONNE LA PERSONNALISATION DES BASKETS. CETTE TECHNOLOGIE UTILISE DES SCANNERS ET DES LOGICIELS AVANCÉS POUR CRÉER UNE IMAGE TRIDIMENSIONNELLE PRÉCISE DU PIED D'UNE PERSONNE. EN SE BASANT SUR CETTE EMPREINTE NUMÉRIQUE, IL EST POSSIBLE DE CONCEVOIR DES CHAUSSURES QUI S'ADAPTENT PARFAITEMENT À LA FORME, LA TAILLE, ET LES CONTOURS UNIQUES DE CHAQUE PIED. CELA OFFRE UN NIVEAU DE PERSONNALISATION INÉGALÉ, AMÉLIORANT NON SEULEMENT LE CONFORT, MAIS AUSSI LA PERFORMANCE ET LA RÉDUCTION DES RISQUES DE BLESSURES. DES MARQUES DE SPORT COMME ADIDAS ET NIKE ONT DÉJÀ EXPLORÉ CETTE TECHNOLOGIE POUR OFFRIR À LEURS CLIENTS DES BASKETS SUR MESURE.

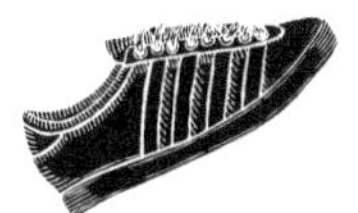

83

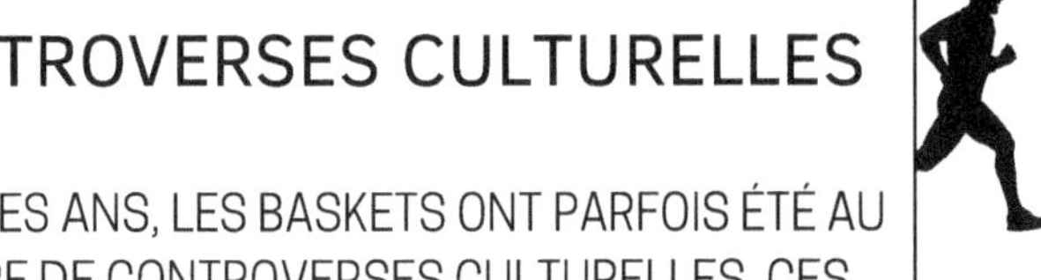

CONTROVERSES CULTURELLES

AU FIL DES ANS, LES BASKETS ONT PARFOIS ÉTÉ AU CENTRE DE CONTROVERSES CULTURELLES. CES CONTROVERSES PEUVENT SURVENIR POUR DIVERSES RAISONS, TELLES QUE DES CAMPAGNES PUBLICITAIRES JUGÉES PROVOCANTES, L'UTILISATION DE SYMBOLES OU DE MOTIFS CULTURELS SENSIBLES, OU DES QUESTIONS LIÉES AUX CONDITIONS DE TRAVAIL DANS L'INDUSTRIE DE LA CHAUSSURE. PAR EXEMPLE, CERTAINES BASKETS ONT ÉTÉ CRITIQUÉES POUR L'APPROPRIATION DE SYMBOLES CULTURELS AUTOCHTONES OU POUR DES MESSAGES PUBLICITAIRES PERÇUS COMME IRRESPECTUEUX OU INSENSIBLES. CES INCIDENTS SOULIGNENT L'IMPORTANCE POUR LES MARQUES DE BASKETS D'ÊTRE CONSCIENTES DE L'IMPACT CULTUREL ET SOCIAL DE LEURS PRODUITS ET CAMPAGNES.

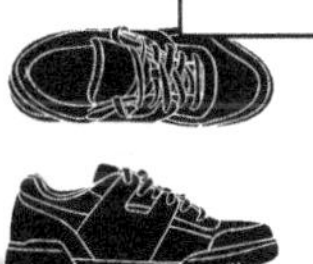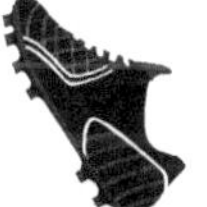

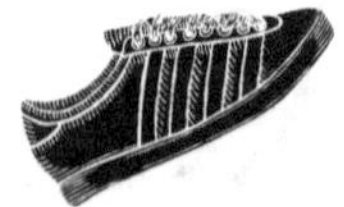

ÉDITIONS FESTIVES

LES MARQUES DE BASKETS CRÉENT SOUVENT DES ÉDITIONS SPÉCIALES POUR COÏNCIDER AVEC DES FESTIVALS, DES ÉVÉNEMENTS SPORTIFS, OU DES CÉLÉBRATIONS CULTURELLES. CES ÉDITIONS LIMITÉES SONT CONÇUES POUR CAPTURER L'ESPRIT DE L'ÉVÉNEMENT, AVEC DES DESIGNS UNIQUES, DES COLORIS THÉMATIQUES, ET PARFOIS DES COLLABORATIONS AVEC DES ARTISTES OU DES ORGANISATEURS D'ÉVÉNEMENTS. PAR EXEMPLE, DES BASKETS SPÉCIALES PEUVENT ÊTRE LANCÉES POUR DES FESTIVALS DE MUSIQUE, DES JOURS FÉRIÉS NATIONAUX, OU DES ÉVÉNEMENTS SPORTIFS MONDIAUX. CES CHAUSSURES OFFRENT AUX CONSOMMATEURS UN MOYEN DE CÉLÉBRER ET DE SE CONNECTER AVEC L'ÉVÉNEMENT, TOUT EN AJOUTANT UNE TOUCHE SPÉCIALE À LEUR COLLECTION DE CHAUSSURES.

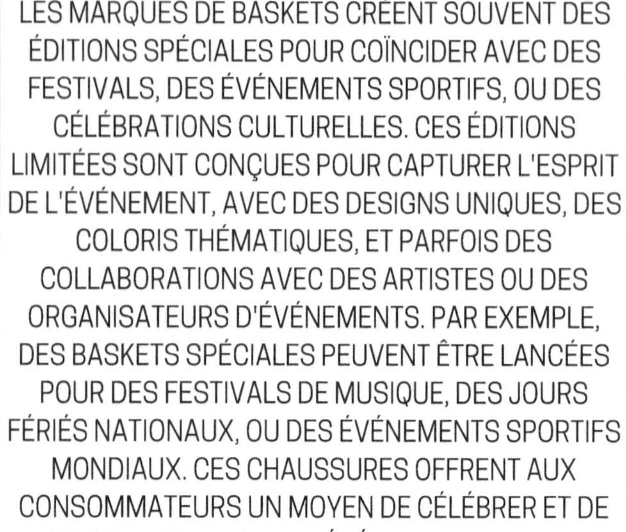

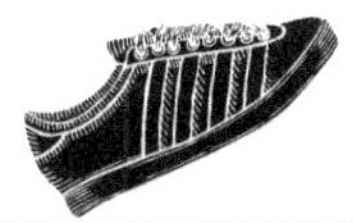

85

FLEXIBILITÉ NÉOPRÈNE

LES BASKETS ONT SOUVENT ÉTÉ UTILISÉES COMME
OUTIL MARKETING EFFICACE DANS LE CADRE DE
PROMOTIONS DE FILMS. LES COLLABORATIONS
ENTRE LES MARQUES DE BASKETS ET LES STUDIOS
DE CINÉMA DONNENT LIEU À LA CRÉATION DE
MODÈLES THÉMATIQUES INSPIRÉS PAR DES FILMS
POPULAIRES. CES ÉDITIONS SPÉCIALES DE BASKETS
PEUVENT PRÉSENTER DES DESIGNS QUI REFLÈTENT
LES PERSONNAGES, LES THÈMES OU LES ÉLÉMENTS
VISUELS DU FILM. EN TANT QU'OBJETS DE
COLLECTION, ELLES ATTIRENT LES FANS DU FILM ET
LES AMATEURS DE SNEAKERS, CRÉANT UN BUZZ
AUTOUR DE LA SORTIE DU FILM. DES EXEMPLES
CÉLÈBRES INCLUENT DES BASKETS INSPIRÉES PAR
DES FRANCHISES DE FILMS COMME "STAR WARS",
"BACK TO THE FUTURE" ET DES SUPER-HÉROS DE
BANDES DESSINÉES. CES COLLABORATIONS SONT
BÉNÉFIQUES POUR LES FILMS ET LES MARQUES,
RENFORÇANT LA PROMOTION CROISÉE ET
L'ENGAGEMENT DES FANS.

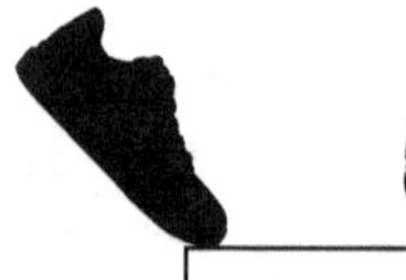

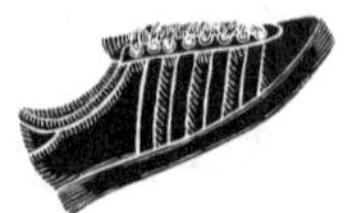

86

RECYCLAGE INITIATIVES

LES TECHNOLOGIES D'ABSORPTION DES CHOCS DANS LES BASKETS VARIENT CONSIDÉRABLEMENT ENTRE LES MARQUES ET LES MODÈLES, CHACUNE VISANT À RÉDUIRE L'IMPACT SUR LES PIEDS ET LES ARTICULATIONS. LES INNOVATIONS DANS CE DOMAINE COMPRENNENT DES MATÉRIAUX COMME LA MOUSSE VISCOÉLASTIQUE, LE GEL, OU DES SYSTÈMES D'AIR ENCAPSULÉ. PAR EXEMPLE, LA TECHNOLOGIE "AIR" DE NIKE UTILISE DES COUSSINS D'AIR POUR ABSORBER LES CHOCS, TANDIS QUE LA TECHNOLOGIE "GEL" D'ASICS UTILISE DU GEL SILICONE POUR UNE ABSORPTION EFFICACE DES IMPACTS. CES TECHNOLOGIES SONT CONÇUES POUR ATTÉNUER L'IMPACT LORS DE LA MARCHE OU DE LA COURSE, OFFRANT UNE PROTECTION ACCRUE ET UN CONFORT AMÉLIORÉ, EN PARTICULIER POUR LES ACTIVITÉS À FORT IMPACT.

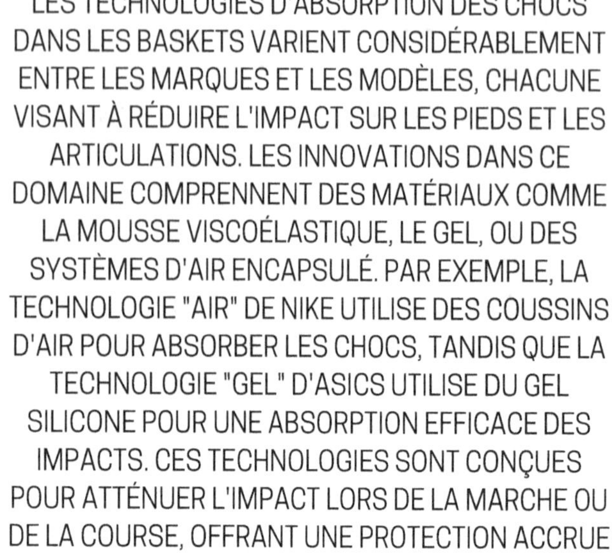

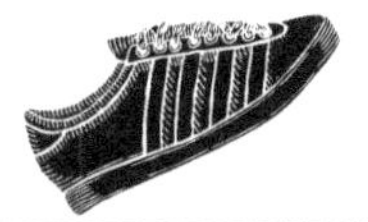

BASKETS ENFANTS

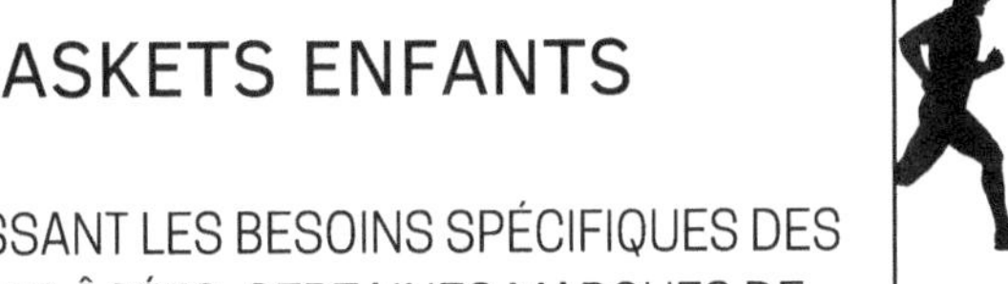

RECONNAISSANT LES BESOINS SPÉCIFIQUES DES PERSONNES ÂGÉES, CERTAINES MARQUES DE CHAUSSURES ONT DÉVELOPPÉ DES BASKETS CONÇUES SPÉCIALEMENT POUR CETTE TRANCHE D'ÂGE. CES CHAUSSURES METTENT L'ACCENT SUR LA SÉCURITÉ, LE CONFORT ET LA FACILITÉ D'UTILISATION. ELLES PEUVENT INCLURE DES CARACTÉRISTIQUES TELLES QUE DES SEMELLES ANTIDÉRAPANTES POUR PRÉVENIR LES CHUTES, UN SOUTIEN ACCRU DE LA VOÛTE ET DE LA CHEVILLE, ET DES SYSTÈMES DE FERMETURE SIMPLIFIÉS POUR CEUX QUI ONT DES DIFFICULTÉS À SE PENCHER OU À MANIPULER DES LACETS. EN OUTRE, UN AMORTI ADÉQUAT ET UNE BONNE ERGONOMIE DE LA CHAUSSURE AIDENT À RÉDUIRE LA FATIGUE ET À AMÉLIORER LA STABILITÉ. CES BASKETS AIDENT LES PERSONNES ÂGÉES À MAINTENIR LEUR MOBILITÉ ET LEUR INDÉPENDANCE TOUT EN MINIMISANT LE RISQUE DE BLESSURES.

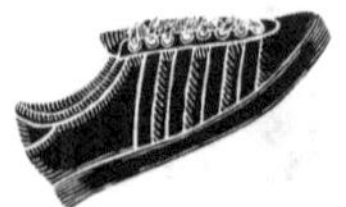

MARKETING FILMS

L'UTILISATION DES BASKETS COMME OUTIL MARKETING POUR LES FILMS EST UNE STRATÉGIE DE PLUS EN PLUS COURANTE DANS L'INDUSTRIE CINÉMATOGRAPHIQUE. LES MARQUES DE CHAUSSURES COLLABORENT AVEC DES STUDIOS DE CINÉMA POUR CRÉER DES ÉDITIONS LIMITÉES DE BASKETS INSPIRÉES PAR DES FILMS POPULAIRES. CES CHAUSSURES SPÉCIALES PEUVENT COMPORTER DES DESIGNS, DES COULEURS ET DES MOTIFS QUI ÉVOQUENT LES THÈMES, LES PERSONNAGES OU LES ÉLÉMENTS VISUELS DU FILM. CES ÉDITIONS LIMITÉES DEVIENNENT SOUVENT DES OBJETS DE COLLECTION POUR LES FANS ET PEUVENT SUSCITER UN INTÉRÊT ACCRU POUR LE FILM. CES COLLABORATIONS SONT UN MOYEN CRÉATIF POUR LES STUDIOS DE FILMS D'ÉTENDRE LEUR PORTÉE MARKETING ET D'ENGAGER LES FANS DE MANIÈRE UNIQUE ET MÉMORABLE.

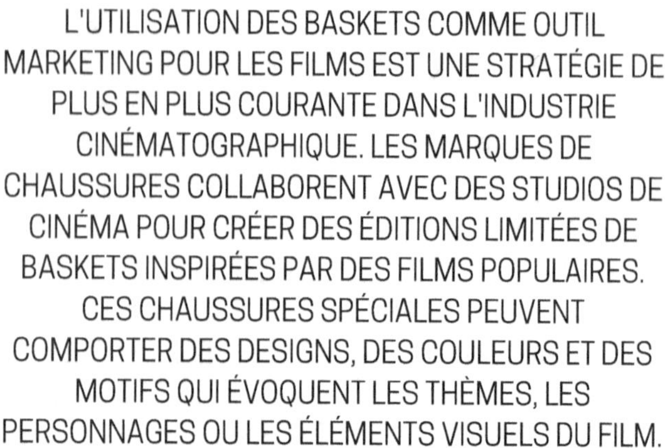

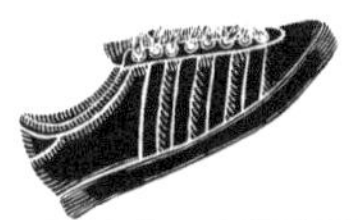

89

ABSORPTION CHOCS

DANS LE DOMAINE DES BASKETS, LES TECHNOLOGIES D'ABSORPTION DES CHOCS JOUENT UN RÔLE CRUCIAL POUR OFFRIR CONFORT ET PROTECTION, SURTOUT LORS D'ACTIVITÉS PHYSIQUES À IMPACT ÉLEVÉ. CES TECHNOLOGIES VARIENT CONSIDÉRABLEMENT D'UNE MARQUE À L'AUTRE, CHACUNE DÉVELOPPANT SES PROPRES SOLUTIONS POUR MINIMISER L'IMPACT SUR LES PIEDS ET LES ARTICULATIONS. PAR EXEMPLE, NIKE UTILISE SA TECHNOLOGIE AIR, UNE UNITÉ D'AIR COMPRIMÉ POUR ABSORBER LES CHOCS, TANDIS QU'ADIDAS UTILISE LA TECHNOLOGIE BOOST, UNE MOUSSE À HAUTE ÉLASTICITÉ POUR UN AMORTI EFFICACE. ASICS A DÉVELOPPÉ LA TECHNOLOGIE GEL POUR UNE ABSORPTION DES CHOCS SUPÉRIEURE. CES DIVERSES TECHNOLOGIES SONT CONÇUES POUR RÉPONDRE À DES BESOINS SPÉCIFIQUES EN MATIÈRE DE PERFORMANCE SPORTIVE ET DE CONFORT QUOTIDIEN.

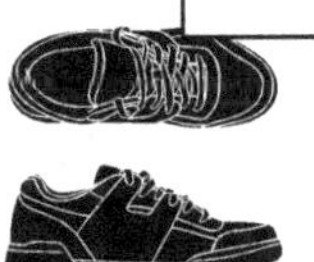

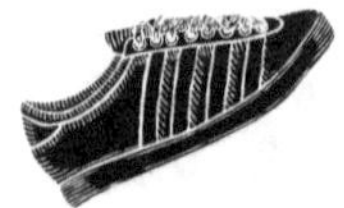

90

BASKETS GÉES

RECONNAISSANT LES BESOINS UNIQUES DES PERSONNES ÂGÉES, CERTAINES MARQUES ONT CONÇU DES BASKETS SPÉCIALEMENT POUR CETTE DÉMOGRAPHIE. CES CHAUSSURES SONT GÉNÉRALEMENT AXÉES SUR LA SÉCURITÉ, LE CONFORT ET LA FACILITÉ D'UTILISATION. ELLES PEUVENT INCLURE DES CARACTÉRISTIQUES TELLES QUE DES SEMELLES ANTIDÉRAPANTES POUR PRÉVENIR LES CHUTES, DES SUPPORTS SUPPLÉMENTAIRES POUR LA CHEVILLE ET LE PIED, ET DES SYSTÈMES DE LAÇAGE SIMPLES OU DES FERMETURES VELCRO POUR UNE MISE EN PLACE AISÉE. LE CONFORT EST ÉGALEMENT UNE PRIORITÉ, AVEC DES SEMELLES INTÉRIEURES AMORTISSANTES ET DES MATÉRIAUX SOUPLES QUI S'ADAPTENT À LA FORME DU PIED. EN OFFRANT STABILITÉ ET SUPPORT, CES BASKETS AIDENT LES PERSONNES ÂGÉES À MAINTENIR LEUR MOBILITÉ ET LEUR INDÉPENDANCE.

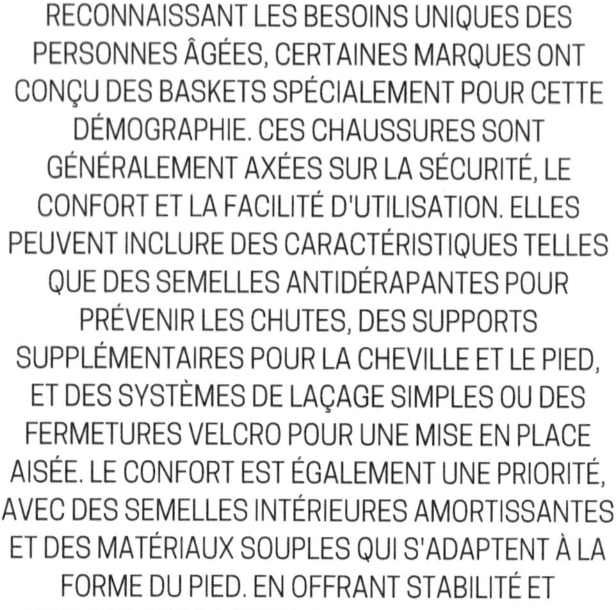

  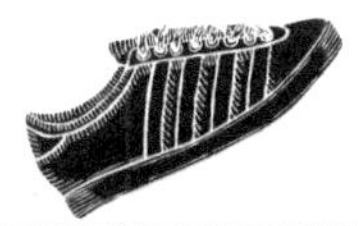 

91

ÉDITIONS COMMÉMORATIVES

LES ÉDITIONS COMMÉMORATIVES DE BASKETS SONT DES ÉDITIONS SPÉCIALES CONÇUES POUR CÉLÉBRER DES ÉVÉNEMENTS HISTORIQUES SIGNIFICATIFS, DES ANNIVERSAIRES IMPORTANTS OU DES PERSONNALITÉS INFLUENTES. CES BASKETS PEUVENT PRÉSENTER DES DESIGNS UNIQUES, DES COLORIS SPÉCIAUX, ET DES DÉTAILS QUI RENDENT HOMMAGE À UN ÉVÉNEMENT OU À UNE PERSONNE PARTICULIÈRE. PAR EXEMPLE, UNE MARQUE PEUT LANCER UNE ÉDITION COMMÉMORATIVE POUR CÉLÉBRER L'ANNIVERSAIRE D'UNE VICTOIRE SPORTIVE MÉMORABLE, LA VIE D'UNE ICÔNE CULTURELLE, OU UN MOMENT CLÉ DE L'HISTOIRE. CES CHAUSSURES SONT SOUVENT TRÈS RECHERCHÉES PAR LES COLLECTIONNEURS ET LES FANS, NON SEULEMENT POUR LEUR VALEUR ESTHÉTIQUE MAIS AUSSI POUR LEUR SIGNIFICATION SYMBOLIQUE ET LEUR LIEN AVEC DES MOMENTS MARQUANTS DE L'HISTOIRE OU DE LA CULTURE POPULAIRE.

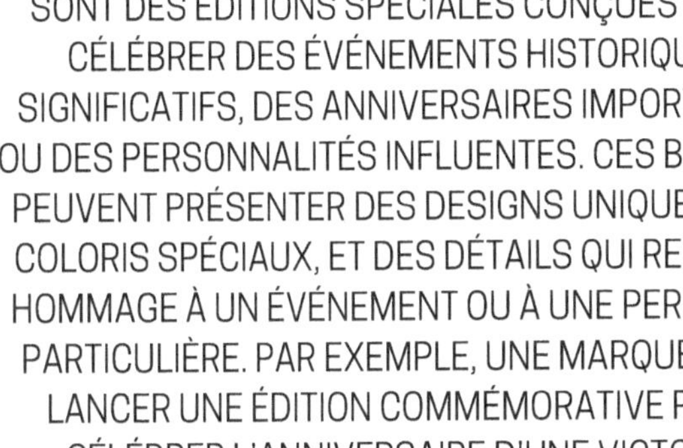

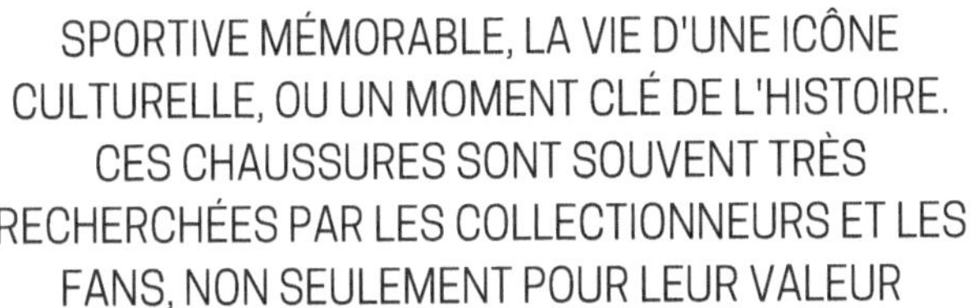

SENSIBILISATION ENVIRONNEMENT

DANS LE CONTEXTE DE LA PRISE DE CONSCIENCE CROISSANTE DES ENJEUX ENVIRONNEMENTAUX, LES BASKETS ONT ÉTÉ UTILISÉES COMME UN OUTIL DANS DES CAMPAGNES DE SENSIBILISATION À L'ENVIRONNEMENT. DES MARQUES ONT LANCÉ DES ÉDITIONS SPÉCIALES OU DES INITIATIVES POUR METTRE EN LUMIÈRE DES PROBLÉMATIQUES ÉCOLOGIQUES TELLES QUE LA POLLUTION, LE CHANGEMENT CLIMATIQUE OU LA CONSERVATION DES RESSOURCES NATURELLES. PAR EXEMPLE, DES BASKETS FABRIQUÉES À PARTIR DE MATÉRIAUX RECYCLÉS, OU DES INITIATIVES OÙ UNE PARTIE DES BÉNÉFICES EST REVERSÉE À DES ORGANISATIONS ENVIRONNEMENTALES. CES CAMPAGNES VISENT NON SEULEMENT À RÉDUIRE L'IMPACT ÉCOLOGIQUE DES PRODUITS, MAIS AUSSI À ÉDUQUER ET À ENGAGER LES CONSOMMATEURS AUTOUR DES QUESTIONS DE DURABILITÉ.

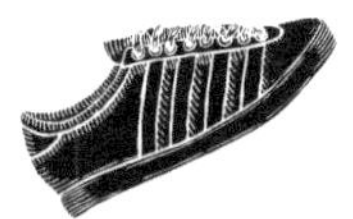

93

PERSONNALISATION LIGNE

AVEC LES PROGRÈS DE LA TECHNOLOGIE ET L'ÉVOLUTION DES ATTENTES DES CONSOMMATEURS, LA PERSONNALISATION EN LIGNE DES BASKETS EST DEVENUE DE PLUS EN PLUS POPULAIRE. DES PLATEFORMES EN LIGNE OFFRENT DÉSORMAIS AUX CLIENTS LA POSSIBILITÉ DE PERSONNALISER LEURS CHAUSSURES, EN CHOISISSANT LES COULEURS, LES MATÉRIAUX, ET PARFOIS MÊME LE DESIGN ET LA FORME. CETTE TENDANCE PERMET AUX CONSOMMATEURS D'EXPRIMER LEUR STYLE PERSONNEL ET DE POSSÉDER DES BASKETS QUI SONT UNIQUES ET PERSONNALISÉES SELON LEURS PRÉFÉRENCES. LES MARQUES COMME NIKE AVEC NIKEID, ADIDAS ET VANS OFFRENT CES SERVICES DE PERSONNALISATION, RÉPONDANT AINSI À LA DEMANDE CROISSANTE POUR DES PRODUITS PERSONNALISÉS ET DISTINCTIFS.

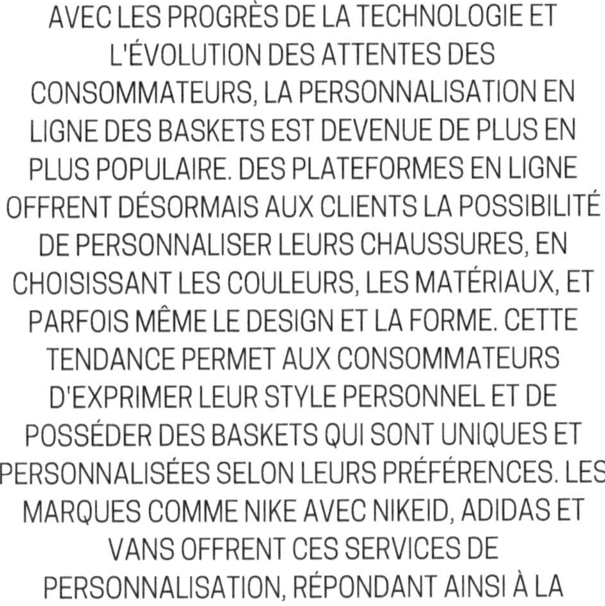

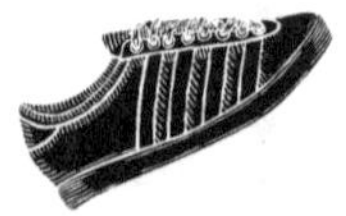

94

SÉCURITÉ RÉFLÉCHISSANTE

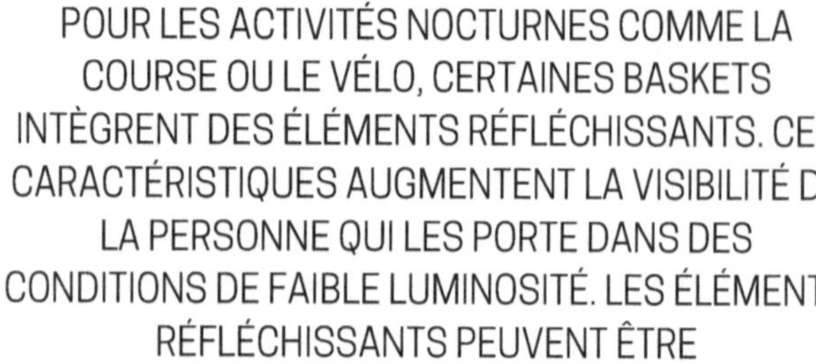

POUR AMÉLIORER LA SÉCURITÉ, EN PARTICULIER POUR LES ACTIVITÉS NOCTURNES COMME LA COURSE OU LE VÉLO, CERTAINES BASKETS INTÈGRENT DES ÉLÉMENTS RÉFLÉCHISSANTS. CES CARACTÉRISTIQUES AUGMENTENT LA VISIBILITÉ DE LA PERSONNE QUI LES PORTE DANS DES CONDITIONS DE FAIBLE LUMINOSITÉ. LES ÉLÉMENTS RÉFLÉCHISSANTS PEUVENT ÊTRE STRATÉGIQUEMENT PLACÉS SUR DIFFÉRENTES PARTIES DE LA CHAUSSURE, COMME LES LACETS, LE TALON, OU LES CÔTÉS, POUR ASSURER UNE VISIBILITÉ MAXIMALE. CETTE FONCTIONNALITÉ EST PARTICULIÈREMENT IMPORTANTE POUR LES COUREURS URBAINS ET LES PERSONNES ACTIVES APRÈS LE COUCHER DU SOLEIL, CAR ELLE CONTRIBUE À PRÉVENIR LES ACCIDENTS EN ALERTANT LES CONDUCTEURS ET LES AUTRES USAGERS DE LA ROUTE DE LEUR PRÉSENCE.

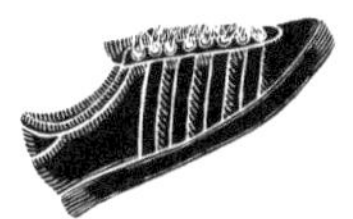

95

ARTISTES UNIQUES

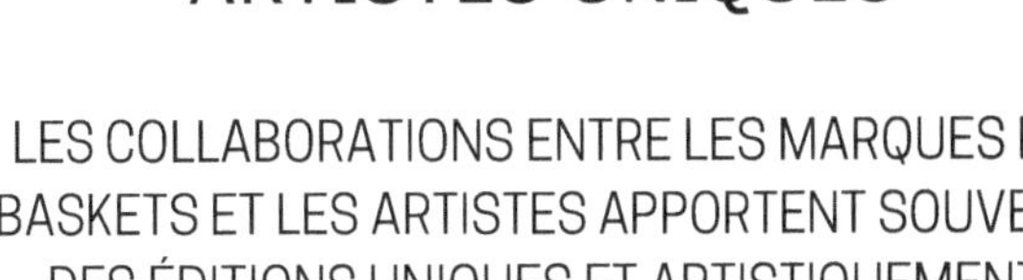

LES COLLABORATIONS ENTRE LES MARQUES DE BASKETS ET LES ARTISTES APPORTENT SOUVENT DES ÉDITIONS UNIQUES ET ARTISTIQUEMENT RICHES. CES PARTENARIATS PERMETTENT AUX ARTISTES D'APPLIQUER LEUR STYLE ET LEUR CRÉATIVITÉ SUR LES CHAUSSURES, RÉSULTANT EN DES DESIGNS UNIQUES ET SOUVENT AUDACIEUX. CES MOTIFS PEUVENT VARIER DE L'ILLUSTRATION ABSTRAITE À DES REPRÉSENTATIONS FIGURATIVES, REFLÉTANT L'IDENTITÉ ARTISTIQUE ET LE MESSAGE DE L'ARTISTE. CES ÉDITIONS LIMITÉES SONT GÉNÉRALEMENT TRÈS PRISÉES PAR LES AMATEURS D'ART ET DE MODE, CAR ELLES COMBINENT LA FONCTIONNALITÉ D'UNE BASKET AVEC L'ESTHÉTIQUE D'UNE ŒUVRE D'ART. POUR LES MARQUES, CES COLLABORATIONS SONT UN MOYEN DE DIVERSIFIER LEUR OFFRE ET D'APPORTER UNE NOUVELLE DIMENSION CRÉATIVE À LEURS PRODUITS.

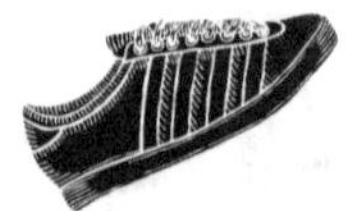

96

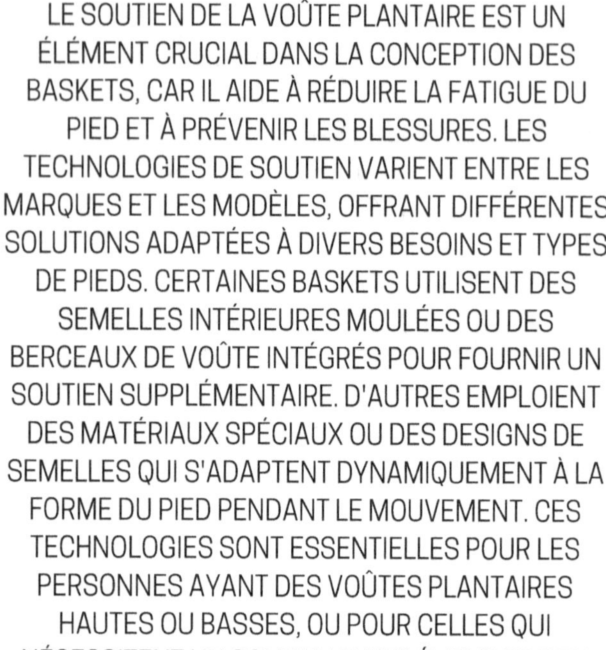

SOUTIEN VOÛTE

LE SOUTIEN DE LA VOÛTE PLANTAIRE EST UN ÉLÉMENT CRUCIAL DANS LA CONCEPTION DES BASKETS, CAR IL AIDE À RÉDUIRE LA FATIGUE DU PIED ET À PRÉVENIR LES BLESSURES. LES TECHNOLOGIES DE SOUTIEN VARIENT ENTRE LES MARQUES ET LES MODÈLES, OFFRANT DIFFÉRENTES SOLUTIONS ADAPTÉES À DIVERS BESOINS ET TYPES DE PIEDS. CERTAINES BASKETS UTILISENT DES SEMELLES INTÉRIEURES MOULÉES OU DES BERCEAUX DE VOÛTE INTÉGRÉS POUR FOURNIR UN SOUTIEN SUPPLÉMENTAIRE. D'AUTRES EMPLOIENT DES MATÉRIAUX SPÉCIAUX OU DES DESIGNS DE SEMELLES QUI S'ADAPTENT DYNAMIQUEMENT À LA FORME DU PIED PENDANT LE MOUVEMENT. CES TECHNOLOGIES SONT ESSENTIELLES POUR LES PERSONNES AYANT DES VOÛTES PLANTAIRES HAUTES OU BASSES, OU POUR CELLES QUI NÉCESSITENT UN SOUTIEN SUPPLÉMENTAIRE EN RAISON DE LEUR STYLE DE VIE ACTIF OU DE CONDITIONS SPÉCIFIQUES DU PIED.

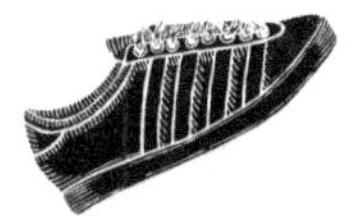

DÉBATS TRAVAIL

L'INDUSTRIE DES BASKETS A ÉTÉ AU CŒUR DE DÉBATS ET DE CONTROVERSES CONCERNANT LE TRAVAIL DES ENFANTS DANS CERTAINS PAYS. DES ENQUÊTES ET DES RAPPORTS ONT RÉVÉLÉ QUE PLUSIEURS GRANDES MARQUES DE CHAUSSURES DE SPORT AVAIENT, À UN MOMENT DONNÉ, DES CHAÎNES D'APPROVISIONNEMENT IMPLIQUANT LE TRAVAIL DES ENFANTS OU DES CONDITIONS DE TRAVAIL INACCEPTABLES. CES RÉVÉLATIONS ONT SUSCITÉ UNE PRISE DE CONSCIENCE PUBLIQUE ET ONT EXERCÉ UNE PRESSION SUR CES ENTREPRISES POUR QU'ELLES AMÉLIORENT LEURS PRATIQUES DE FABRICATION. EN RÉPONSE, DE NOMBREUSES MARQUES ONT MIS EN ŒUVRE DES POLITIQUES PLUS STRICTES EN MATIÈRE DE RESPONSABILITÉ SOCIALE, EN INSTAURANT DES VÉRIFICATIONS PLUS RIGOUREUSES DE LEURS USINES ET FOURNISSEURS POUR S'ASSURER DU RESPECT DES NORMES ÉTHIQUES ET LÉGALES. CETTE QUESTION A ÉGALEMENT CONTRIBUÉ À SENSIBILISER LE GRAND PUBLIC AUX IMPACTS SOCIAUX DE LA CONSOMMATION DE PRODUITS DE MODE.

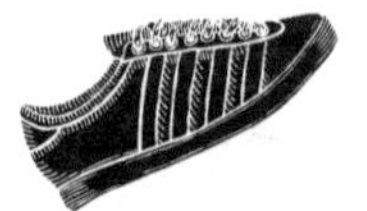

HOMMAGE ÉQUIPES

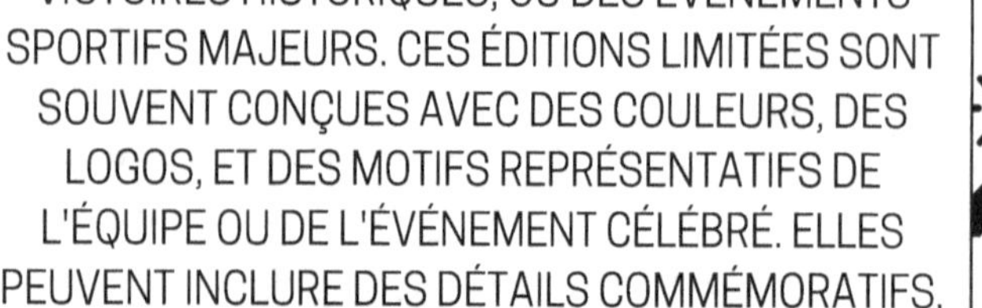

LES MARQUES DE BASKETS LANCENT FRÉQUEMMENT DES ÉDITIONS SPÉCIALES POUR COMMÉMORER DES ÉQUIPES SPORTIVES, DES VICTOIRES HISTORIQUES, OU DES ÉVÉNEMENTS SPORTIFS MAJEURS. CES ÉDITIONS LIMITÉES SONT SOUVENT CONÇUES AVEC DES COULEURS, DES LOGOS, ET DES MOTIFS REPRÉSENTATIFS DE L'ÉQUIPE OU DE L'ÉVÉNEMENT CÉLÉBRÉ. ELLES PEUVENT INCLURE DES DÉTAILS COMMÉMORATIFS, TELS QUE DES DATES OU DES SCORES DE MATCHS IMPORTANTS, ET SONT PARFOIS LANCÉES EN COLLABORATION AVEC DES ATHLÈTES OU DES CLUBS SPORTIFS. CES CHAUSSURES SPÉCIALES SONT TRÈS PRISÉES PAR LES FANS ET LES COLLECTIONNEURS POUR LEUR VALEUR SYMBOLIQUE ET LEUR LIEN AVEC DES MOMENTS IMPORTANTS DU SPORT. ELLES SERVENT NON SEULEMENT DE SOUVENIR, MAIS AUSSI DE MOYEN POUR LES SUPPORTERS D'EXPRIMER LEUR PASSION ET LEUR FIDÉLITÉ À UNE ÉQUIPE OU À UN SPORT.

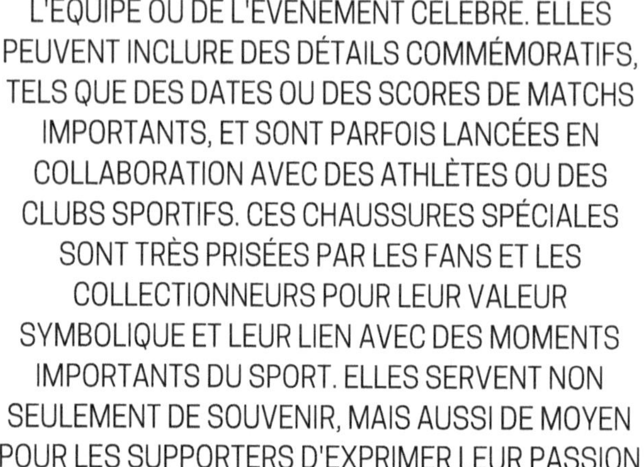

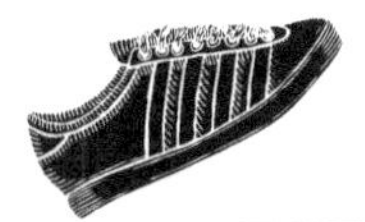

SEMELLES ANTIDÉRAPANTES

DANS DE NOMBREUX SPORTS, EN PARTICULIER CEUX QUI IMPLIQUENT DES SURFACES LISSES OU MOUILLÉES, LES TECHNOLOGIES DE SEMELLES ANTIDÉRAPANTES SONT ESSENTIELLES POUR ASSURER LA SÉCURITÉ ET LA PERFORMANCE DES ATHLÈTES. CES SEMELLES SONT CONÇUES POUR OFFRIR UNE ADHÉRENCE MAXIMALE ET PRÉVENIR LES GLISSADES ET LES CHUTES. ELLES SONT PARTICULIÈREMENT IMPORTANTES DANS LES SPORTS COMME LE FOOTBALL, LE BASKETBALL, LE TENNIS ET LA COURSE À PIED, OÙ UNE BONNE ADHÉRENCE AU SOL EST CRUCIALE POUR LES MOUVEMENTS RAPIDES ET LES CHANGEMENTS DE DIRECTION. LES SEMELLES ANTIDÉRAPANTES SONT GÉNÉRALEMENT FABRIQUÉES AVEC DES MATÉRIAUX EN CAOUTCHOUC SPÉCIAUX ET PRÉSENTENT DES MOTIFS DE TRACTION CONÇUS POUR MAXIMISER LE CONTACT AVEC LA SURFACE ET FOURNIR UNE STABILITÉ OPTIMALE. L'INNOVATION CONTINUE DANS CE DOMAINE VISE À AMÉLIORER ENCORE LA SÉCURITÉ ET LA PERFORMANCE DANS DIVERSES CONDITIONS DE JEU ET D'ENTRAÎNEMENT.

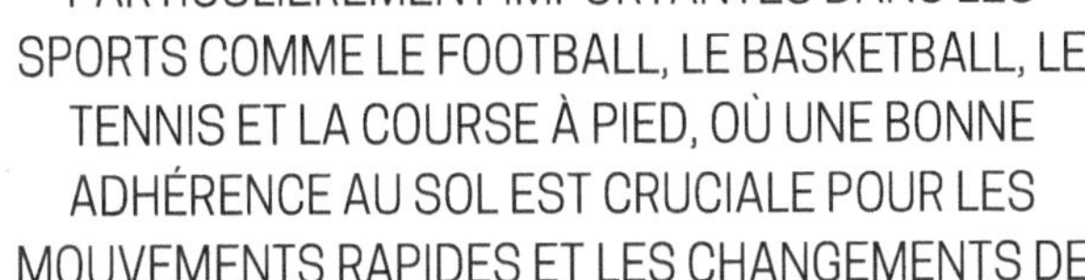

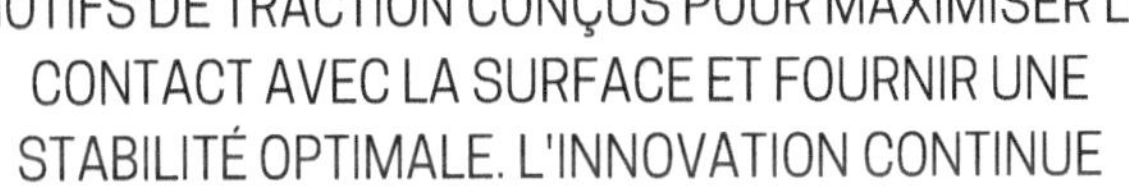
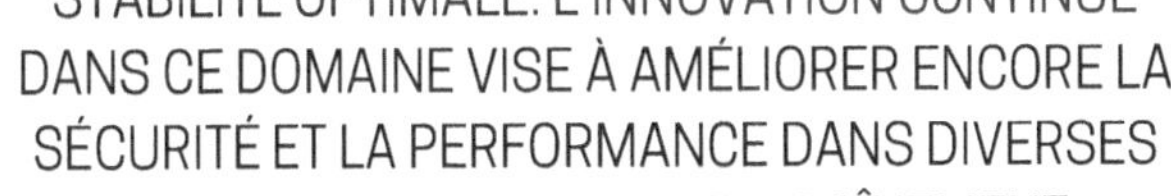

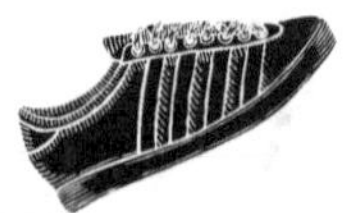

100

INFLUENCE MODE INTERNATIONALE

LES BASKETS, BIEN QU'ORIGINELLEMENT CONÇUES POUR LE SPORT, SONT FORTEMENT INFLUENCÉES PAR LES TENDANCES DE LA MODE INTERNATIONALE. AU FIL DES ANNÉES, ELLES SONT DEVENUES UN ÉLÉMENT ESSENTIEL DE LA MODE URBAINE ET DU STREETWEAR, REFLÉTANT LES TENDANCES ET LES INFLUENCES CULTURELLES MONDIALES. LES DESIGNERS ET LES MARQUES DE BASKETS INTÈGRENT RÉGULIÈREMENT DES ÉLÉMENTS DE LA HAUTE COUTURE, DE L'ART CONTEMPORAIN ET DES TENDANCES CULTURELLES POPULAIRES DANS LEURS CRÉATIONS. CETTE FUSION A DONNÉ NAISSANCE À DES STYLES VARIÉS ET INNOVANTS, DES BASKETS MINIMALISTES AUX DESIGNS AUDACIEUX ET COLORÉS. LA MODE INTERNATIONALE A ÉGALEMENT INFLUENCÉ LA MANIÈRE DONT LES BASKETS SONT PORTÉES, LES INTÉGRANT DANS DES TENUES ALLANT DU DÉCONTRACTÉ AU FORMEL, ET DÉMONTRANT AINSI LEUR POLYVALENCE EN TANT QU'ACCESSOIRE DE MODE.

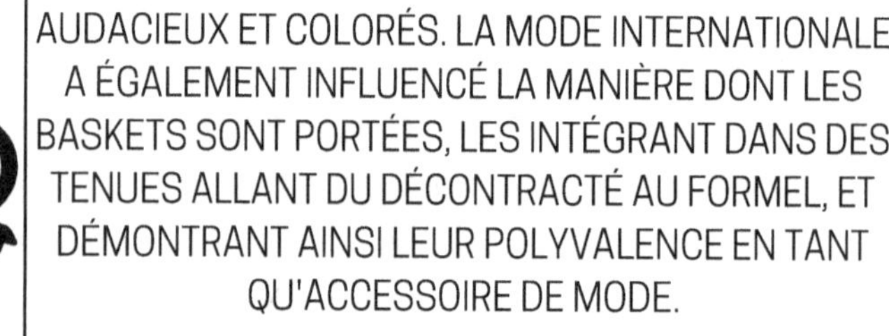